歴史総合パートナーズ❻

# あなたとともに知る台湾

―近現代の歴史と社会―

胎中 千鶴
Tainaka Chizuru

SHIMIZUSHOIN

# 目次

はじめに―なぜ台湾は「友だち」なのか―...4

1. 台湾のプロフィール―「友だち」はどんな「人」なのか―...10
　　（1）「行きたいところ」、「好きな国」...11
　　（2）台湾は「南の小さい島」？...13
　　（3）車内アナウンスは4種類...16
　　（4）スマホのなかの「Made in Taiwan」...19
　　（5）日本より進んでいる女性の社会進出...21
　　（6）日本と国交がないのはなぜ？...23

2. 日本統治期の台湾―「ふたり」はなぜ出会ったのか―...28
　　（1）なぜ日本人はやってきたのか―1895年〜1910年代―...30
　　（2）植民地とはどんなところか―1910年代〜20年代―...34
　　（3）「霧社事件」はなぜ起こったのか―1930年代―...41
　　（4）皇民化政策とは何か―1937年〜45年―...48

3. 戦後の台湾社会―「友だち」はどんな道を歩んできたのか―...58
　　（1）戦後の台湾社会で何が起こっていたのか―1945年〜47年―...59
　　（2）台湾社会はなぜ民主化できたのか―1950年代〜90年代―...64
　　（3）戦後の台湾社会と日本はどんなつながりがあったのか...72

4. 現代の台湾社会―「友だち」はどんな明日を迎えるのか―...80
　　（1）自分たちの歴史をどうとらえようとしているのか...81
　　（2）どんな社会をつくろうとしているのか...89

おわりに―「ふたり」がこれから歩く道とは―...96

# はじめに―なぜ台湾は「友だち」なのか―

私はこの10年ほど，いくつかの大学で台湾の歴史を教えています。

　ある年の新学期のこと。初回の教室に行ってみると，なんと予想の倍以上の学生がぎっしりと席を埋めているではありませんか。何だかみんな輝くような熱いまなざしで私をみつめています。いよいよ私の遅いモテ期到来か？　嬉しくて思わず泣きそうになるのをぐっと我慢しましたが，その日はいつも以上にテンション高めで語ったのはいうまでもありません。

　授業終了後，受講生に書いてもらったリアクションペーパーをめくって「モテ期の謎」が解けました。学生たちの多くが，台湾史の授業を履修する理由としてこう述べていたからです。


　　震災のとき日本に多額の義捐金を送ってくれたと知って，台湾に興味をもったから。


　そう，これは2012年，あの東日本大震災から1年後の春のことでした。

　ご存じの方も多いかもしれません。台湾はこの未曽有の災害に際し，200億円を超える義捐金を届けてくれました。台湾の人口が日本の約5分の1，2350万人ほどであることを考えれば，大変な金額であることがわかります。もちろん，当時日本は世界中の国々からさまざまな支援を受けましたし，金額の多寡によってそれらを区別するつもりはありません。

　しかし，被災地の人々がことばに尽くせない悲しみや苦しみのなかに置かれ，日本社会全体が先のみえない不安に包まれていたあのとき，すぐ近くの隣人として，ずっと見守ってくれた台湾の人々の存在が，疲れ切った日本に強い印象を残したことは確かです。私の授業を履修してくれた学生の多くも，所属する

はじめに―なぜ台湾は「友だち」なのか―　5

学部学科はさまざまで，これまで必ずしも台湾に関心があったわけではないようです。彼らは3・11を機に，初めて台湾について知りたいと思ったのでしょう。

とはいえ，そもそもどうしてそんなに親切にしてくれたのか，と首をかしげる方もいるかもしれません。でも，台湾の人たちは当時，口を揃えてこう答えました。

　　当たり前だよ，だって「921」のお返しなんだから。

「921」とは，1999年9月21日，台湾中部を襲ったマグニチュード7.3の直下型地震のことで，現地では「921大地震」「集集大地震」とも呼んでいます。震源地周辺では震度6〜7を記録，死者は2400人以上，負傷者1万1000人余，5万戸近い家屋が全壊するという大災害でした。このとき，真っ先に救援隊を現地に派遣し，多くの義捐金を届けたのは日本でした。当時の感謝の気持ちが，3・11の支援に結びついたというのです。

こうした災害支援のやり取りは，同じ地震多発地帯にある台湾と日本だからこそ起こりうるものなのかもしれません。2016年4月に起きた熊本地震の際も，熊本市と姉妹都市関係にある南部の高雄市はすぐに反応しました。当時高雄市長だった陳菊さん（現・監察院長）は，Twitterでこう呼びかけました。

　　日本の友だちに伝えましょう。あなたの涙をぬぐい，そっと抱きしめるために私たちはここにいるのだと。高雄のガス事故や台南地震のとき，あなたが私たちにしてくれたように。

「高雄のガス事故」とは2014年8月に高雄市中心部で起きた大規模なガス爆発,「台南地震」とは2016年2月に台湾南部で起きた最大震度7の地震のことで,それぞれ多くの犠牲者を出した災害です。3・11以降,台湾への関心が高まった日本からは,このふたつの災害にも多額の義捐金が寄せられたといいます。自然災害だけでなく,人的災害にまで支援が広がっているのがわかります。

　興味深かったのは,Twitterで熊本支援を呼びかける陳菊さんが,「私も1ヶ月分のお給料を寄付します」とつぶやいたこと。あなたのことが心配だけど,まずは自分のできる範囲で始めてみるね,という彼女の飾らない人柄がうかがえます。実は陳菊さんは,けらえいこさん原作のアニメ『あたしンち』のお母さんとそっくりのキャラで,現地でも「花媽(花ママ)」として親しまれています。まるでお隣に『あたしンち』の立花家が住んでいるようで,何だか元気が出てきませんか。

　もちろん,金銭的援助が支援のかたちとして常に最善かどうかという点につ

図1　陳菊(左)と蔡英文総統

はじめに―なぜ台湾は「友だち」なのか―　7

いては大いに議論が分かれるところですし，将来の災害支援についてはさらなる方法論の模索が必要なのも確かでしょう。

　しかし，この十数年のあいだに，相手の危急の際はとにかくすぐに手を差し伸べようとする日台関係が，民間レベルのやり取りを重ねるなかで築かれていったことは間違いありません。観光旅行やビジネスでの往来は以前からさかんでしたが，現在のようなお互いを思いやる関係は，両者の苦難を経て，さらに深化したといえるでしょう。

　その一方で，私は少し心配しています。というのも，昨今の日本の台湾ブームをみていると，「こんなに仲良しなんだから，今さら昔のことを蒸し返さなくてもいいんじゃない？」というような，日台の歴史を遠ざけようとする空気も感じるからです。

　楽しいことは分かち合い，つらいときは支え合う関係を「友だち」とするならば，現在の台湾社会と日本社会は，まぎれもなく「友だち」です。では，その友だちのことをもっと深く理解するためにはどうすればいいのでしょうか。友だちが今までどのように生きてきたかという「歴史」を知り，友だちがこれからどんな道を進んでいきたいのかという「未来」について一緒に考えてみることも，相手を知るために必要だと私は思っています。

　そこで本書では，まず台湾のプロフィールを簡単にご紹介したあと，いくつかの「台湾史をみる視点」を示します。日本が深くかかわるようになった19世紀末から20世紀半ばの，台湾の「近代」と呼ばれる時代，それに続く第二次世界大戦後の冷戦時代，1980年代以降の民主化，そして現在までの台湾史を，「ふたり」が登場する主な舞台とします。歴史のなかでの「ふたり」の出会いや交流はいつも順調だったわけではなく，時には日本が台湾を傷つけたり，双方が

疎遠になったりする時期もありました。過酷な史実を前に，ことばを失う場面
も出てくるかもしれません。

　私の授業でも，回数を重ねるごとに「台湾をどうとらえたらいいのか」と悩
む学生が増えていきます。「友だち」が歩んできた道は，初めて知ることばかり。
知れば知るほど，それがあまりに劇的で複雑なので，「親日」などという一面的
なイメージで台湾を語ることができなくなってくるからです。本書のページを
めくるあなたにも，同じような悩みが訪れるかもしれません。

　しかし，きっとあなたは私の学生たちと同じように，台湾という場所と正面
から向き合い，迷いながらも相手の過去と未来を想像し，あなたなりの台湾の
姿を描いていくことでしょう。同時に，同じ時代の日本のありようについても，
今まで以上に考えを深めていくに違いありません。本書ではそんなふうにして，
現在のあなたと「友だち」がつなぐふたつの場所の歴史を，一緒に考えていけ
ればいいなと思っています。

# 1. 台湾のプロフィール
## ー「友だち」はどんな「人」なのかー

# (1)「行きたいところ」,「好きな国」

●

　近年,修学旅行先として台湾を選ぶ高校が急増していることをご存じですか。

　日本全国の公立・私立高校を対象とした調査によると,2016年度に海外修学旅行を実施した高校の約2割にあたる262校,4万1878人が台湾を訪れており,他国・他地域を大きく引き離して第1位となっています。これは2006年の調査時とくらべると約11.8倍という高い伸び率だそうです。調査にあたった全国修学旅行研究協会は,人気の理由として「親日的で治安もよいのが人気の理由。旅費が安価な点も大きい」と指摘しています[1]。

　確かに私が勤務している大学の外国語学部中国語学科にも,高校時代に修学旅行で初めて台湾を訪れ,中国語力の必要性を実感して入学を決意した学生が何人も在籍しています。現地の高校との交流活動で知り合った友人と,もっとスカイプでおしゃべりをしたいから,と毎日勉強に励んでいる学生もいます。

　もちろん台湾は,修学旅行だけではなく観光旅行先としても人気があります。日本の観光業界が2016年に18歳以上の男女を対象に実施した調査によると,日本人が最も多く訪れる海外のレジャー渡航先として3年連続第1位に輝いています。食べ物がおいしい,人々が親切,九份など有名な観光スポットが各地にあり,レジャー施設や交通機関も整っている……,というあたりが人気の理由なのでしょう。

　一方,台湾の人々はどうでしょうか。日本の窓口機関で,実質的な大使館の機

---

※1　「台湾　日本からの修学旅行トップに　10年前の11倍超」『毎日新聞』2018年1月27日付。

能を担っている「日本台湾交流協会」が2016年に実施した調査によると,「あなたの最も好きな国（地域）はどこですか」という問いに対して「日本」と答えた人が最も多く,これは過去4回の調査と同様の結果だったそうです[※2]。当然,来日観光客も増加の一途で,今や年間約400万人が日本を訪れています。

　台湾に行く日本人観光客と,日本に来る台湾人観光客。両者に共通するのは,リピーター率がとても高いということです。何度も足を運び,インターネットなどで収集した情報をもとに,有名な観光地だけでなく,自分だけのお気に入りスポットを探して楽しんでいるようです。

　互いに何度も往来しているうちに,心理的距離も縮まってきているのかもしれません。今の若い世代にとって,台湾と日本の距離はこんなにも近いのか,と思わせるようなエピソードをひとつご紹介しましょう。

　数年前,私のゼミにひとりの女子留学生がいました。日本留学を終えて台湾に帰国した彼女は,ある夢をかなえるため努力を重ね,大きなオーディションに挑戦したのですが,あと一歩というところで合格を逃しました。悲しみにくれる彼女のFacebookには,友人たちから中国語と日本語でたくさんのコメントが書き込まれていきました。

　数日後,晴れ晴れとした表情の彼女の写真がアップされました。なんと場所は東京・原宿の行きつけの美容室。仲良しの美容師さんに悩みを聞いてほしくて,飛行機に飛び乗って来たのだとか。髪を切ったあとは,スイーツの人気店を探したり,目黒川沿いのお気に入りの散歩道を歩いたりして傷心を癒やしたそうです。彼女にとって,台北と東京はまるで隣町にふらっと出かけるような,そんな距離感なのかもしれません。私には,その軽やかさがとても羨ましく感じられました。

## （2）台湾は「南の小さい島」？

●

　とはいっても，もちろん誰もがリピーターというわけにはいきません。もし，あなたがこれまで台湾とあまり縁がなかったのなら，テレビやインターネットなどの断片的なメディア情報くらいしか知らないとしても，それは無理からぬことです。

　たとえば台湾がどこにあるのか，意外と知らない人が多いのです。あるとき大学1年生向けの授業で，東アジアの白地図から台湾を探すクイズにトライしてもらったことがあります。すると，沖縄や香港，韓国の済州島と間違える人が続出。その程度なら想定内なのですが，上海のあたりを自信ありげに指さすツワモノが出現したときは，さすがに目が点になりました。

　そこで本章では，初めて台湾と出会う読者のために，台湾の基本情報，つまりプロフィールを整理して述べておきたいと思います[3]。

　それではまず，図2をみてください。台湾（中華民国）は太平洋の西方，日本列島とフィリピン諸島の中間に位置する台湾島といくつかの離島から成り立っています。成田や羽田から飛行機に乗ると，台北郊外の桃園国際空港や市内の松山空港まで4時間前後，沖縄の八重山諸島の西端にある与那国島からは，天気のいい日に島影が望めるほど近い距離にあります。

---

※2　「第五回台湾における対日世論調査」公益財団法人日本台湾交流協会，https://www.koryu.or.jp/business/poll/2015/（最終閲覧日：2018年11月18日）。

※3　台湾全般の入門書としては，赤松美和子・若松大祐編著『台湾を知るための60章』（明石書店，2016年）がとても参考になる。

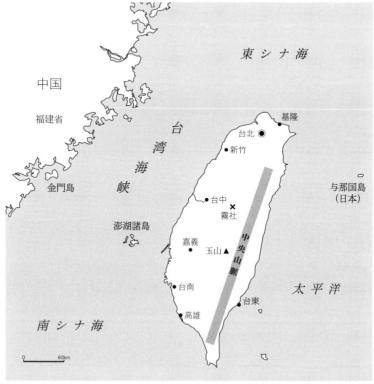

図2　東アジアと台湾

表1　台湾に関する基礎データ（日本外務省ホームページをもとに作成）

| | |
|---|---|
| 面積 | 約3万6000平方キロメートル（九州よりやや小さい） |
| 人口 | 約2357万人（2018年3月） |
| 主要都市 | 台北，台中，高雄など |
| 言語 | 中国語，台湾語，客家語，原住民諸言語など |
| 宗教 | 仏教，道教，キリスト教など |
| 政治体制 | 三民主義（民族独立，民権伸長，民生安定）に基づく民主共和制 |
| 総統 | 蔡英文（副総統・陳建仁） |
| GDP | 5732億米ドル。1人あたり2万4337米ドル（2017年） |
| 主要産業 | 電子・電気，化学品，鉄鋼金属，機械 |
| 主要貿易品目 | 輸出：電子電気機械，鉄鋼金属製品，精密機器，プラスチック製品<br>輸入：電子電気機械，原油・鉱産物，鉄鋼金属製品，化学品 |
| 通貨 | 新台湾ドル（NT＄）。通貨単位は元（ユェン）。<br>1元＝約3.7円（2018年11月16日のレート） |
| 日本との関係 | 国交はないが，「非政府間の実務関係」として維持されている |

　台湾が島であることはそれなりに知られていますが，面積が約3万6000平方キロメートルもあり，九州をやや小ぶりにしたようなサイズだと知る人は少ないかもしれません。日本人にとって九州は「島」という感じではありませんから，そう考えるとけっこう大きいんだな，と思った読者もいるでしょう。台湾をイメージするとき，「南の海にぽっかり浮かぶ小さな島」などと思い描くと認識を誤ってしまうことがわかります。

　そしてその地形も，九州と同様に起伏に富んでいます。島の西側には平野が広がっていますが，東部は急峻な山が海岸線近くまで迫り，平野は多くありません。そのため，台北，新竹，台中，台南，高雄などの大都市は西側に位置し，2007年に開通した新幹線（高速鉄路）や幹線道路などの交通インフラもそれらの都市を結んでいるので，どうしても経済活動の中心は西側に集中してしまうのが現状です。

1. 台湾のプロフィール ―「友だち」はどんな「人」なのか―　15

さらに西部と東部のあいだの中央部分には険しい山脈が連なっています。富士山より標高が高い玉山（ぎょくざん）（3952メートル）もそびえており，山頂付近では雪が積もることもあります。

　台湾島自体は亜熱帯・熱帯地域に属するので，高山地帯を除けば夏期は各地とも35度を超える日が続き，高温多湿の気候ですが，北部の台北などでは冬は15度前後まで冷え込む日もあります。また，日本と同じく南方からやってくる台風の進路にあたるため，毎年夏から秋にかけては大型台風がいくつも襲来します。

　島国で起伏に富んだ地形，地震と台風が悩みの種であることなど，台湾は日本とよく似た自然環境といえるかもしれませんね。

　では次に，そこに住む人々はどんな暮らしをしているのか，少しのぞいてみましょう。

# （3）車内アナウンスは4種類

　台北や高雄などの大都市には，MRT（新交通システム）と呼ばれる地下鉄網が整備されています。車やバイクをもたない外国人旅行客にとって大変便利な交通機関なので，あなたもいつか利用する機会があるかもしれませんね。

　そのときはぜひ，車内アナウンスに耳を傾けてください。駅名を告げるアナウンスは通常4種類の言語で流れます。中国語，英語，「台語」と呼ばれる台湾語，そして客家語（はっか）です。英語はともかくとして，ひとつの駅名を，まったく違う3種類の読み方で放送するなんて，日本ではあり得ないことですね。これはいった

表2　表記の例

| 繁体字 | 日本語<br>（新字体） | 簡体字 | 注音符号<br>（ボポモフォ） | 漢語ピンイン | カタカナ読み |
|---|---|---|---|---|---|
| 臺 | 台 | 台 | ㄊㄞˊ | tái | タイ |
| 灣 | 湾 | 湾 | ㄨㄢ | wān | ワン |
| 學 | 学 | 学 | ㄒㄩㄝˊ | xué | シュエ |
| 校 | 校 | 校 | ㄒㄧㄠˋ | xiào | シャオ |
| 藝 | 芸 | 艺 | 一ˋ | yì | イー |
| 術 | 術 | 术 | ㄕㄨˋ | shù | シュー |

いどういうことなのでしょう？　ここで少し台湾の言語事情についてみてみましょう。

　台湾の公用語が中国語（現地の呼称は「国語」「華語」）であることはご存じの方が多いでしょう。私が勤務する大学でも，中国語学科の学生は北京（ベキン）や上海，台北や台南などの提携校に留学しますが，日本の大学で学んだ中国語はどの留学先でも通用します。「普通話」と呼ばれる中華人民共和国の標準語と台湾（中華民国）の「国語」は，ともに北京語を基本とする同じ中国語だからです。

　ただし，中華人民共和国と台湾の中国語は，同じ漢字でありながら，使用する文字が異なります。表2をみてください。中華人民共和国やシンガポールでは画数を簡略化した「簡体字（かんたいじ）」を使っており，日本の中国語学習も簡体字使用が一般的ですが，台湾や香港では，「繁体字（はんたいじ）」という本来の漢字をそのまま使用しています。繁体字は，日本でいう「旧字体」にあたります。

　また，中国では「ピンイン（拼音）」というローマ字の発音記号を使用しますが，台湾ではそれとは異なる「注音符号」（通称「ボポモフォ」）や台湾式のピンインを用いることもあります。

　MRTのアナウンスに話を戻しましょう。中国語，英語の次に流れる台湾語と

1. 台湾のプロフィール ―「友だち」はどんな「人」なのか― 17

は，中国南部の福建省で使われる閩南語（福佬語）をルーツとする言語です。17世紀以降，対岸の福建省や広東省から多くの移民が流入した台湾では，この台湾語を母語とする人たちが全人口の7割を占めるため，たいていの人は台湾語と国語を両方使うことができます。

　そして客家語は，人口の十数％を占める客家人の言語です。客家は漢人の一派で，黄河中流域から南下して広東省一帯に移住してきたといわれており，台湾にも流入しました。

　漢人のほかには，全人口の2％を占める「原住民」がいます。漢人よりはるか昔から台湾に住んでいたオーストロネシア語族の総称で，それぞれが独自の言語と文化をもっており，アミ族，タイヤル族，パイワン族など，現在16の民族が政府によって認定されています。

　ちなみに，日本語では「先住民」といいますが，中国語では「先」を使わず「原住民」と呼びます。この呼び方には差別的なニュアンスはありません。中国語の「原」には，「本来の」「最初からの」という意味があるため，むしろ彼らが先住者であることを明らかにした名称だからです。

　第4章でくわしく述べますが，近年，台湾ではこうしたマイノリティの権利を促進し，彼らの文化を尊重するための政策が次々と実施されています。そのためマイノリティの言語についても，小・中学校でその地域の原住民の言語を学習する講座が設けられ，若い世代に継承するための試みが進んでいます。そうした政府の方針の一環なのでしょうか，アミ族が多く住む東部地域を走る台東線などの鉄道では，アミ語の駅名アナウンスが流れることもあります。

　ところで，知らない言語を初めて耳にしたとき，意味はわからなくても，そのリズムや発音を聞くだけでなぜかわくわくした，という経験はありませんか。

たとえば私の場合，生まれて初めて客家語を聞いたのは大学生のころ，指導教授の研究室でゼミに出席していたときでした。台湾出身の客家人だった先生が，聞いたことのないことばを使って誰かと電話で話し出したのです。傍らで耳を澄ませているうちに，新しい世界が急に向こうから近づいてきたような気がして胸が高鳴ったのを憶えています。

　あなたも台湾の街角や地下鉄の車内で，同じように未知のことばと出会えるかもしれませんね。


## （4）スマホのなかの「Made in Taiwan」

●

　あなたの身近にある「Made in Taiwan」は何ですか？

　同じ質問を，授業で学生に尋ねてみることがあります。答えはいろいろですが，タピオカミルクティーや烏龍茶，マンゴー，小籠包など，やはり食品名を答える学生が多いようです。

　しかし，あなたのもっと身近に「Made in Taiwan」は隠れています。高校生や大学生のみなさんは毎日肌身離さずスマホをもち歩いているでしょう。また，自宅や学校でコンピューターを使う機会も多いはず。ゲームが趣味の人もいますよね。実は，これらの機器のなかに多くの台湾製電子部品が使われているのです。このことを知る人は少ないかもしれないので，ここで現代台湾の主要産業に目を向けてみましょう。

　台湾の産業構造は，実は日本とよく似ています。就労人口のうち第一次産業（農業，林業，漁業など）が約2％，第二次産業（鉱工業）が約35％，サービス

1. 台湾のプロフィール ―「友だち」はどんな「人」なのか― 　19

業など第三次産業が約60％を占めます（2016年）。日本と同じように，台湾も情報電子工業，化学工業など，いわゆるハイテク産業が製造業を牽引しているのです。

　特に台湾企業が得意とするのが，携帯電話やパソコン，ゲーム機の電子部品の製造です。ドコモやソフトバンクのスマートフォン，アップル社のiPhoneやiPad，Mac，任天堂のWii，ソニーのPSPなどに台湾製の半導体やその他の電子部品が使われています。

　でも，そんなに高い技術をもつ割には，「スマホやパソコンの台湾ブランドなんてあまり聞かないなあ」と思った人もいるでしょう。確かに，台湾の大手ハイテク企業は，自社ブランドの確立にはあまり熱心ではありません。中小企業が主力を担う台湾では，自社ブランドにこだわらず，特定の部品製造や製品開発で高水準を維持することを得意としたのです。むしろ，世界の大手ブランド受託製造サービス（EMS）に特化することで独自の成長を遂げてきたわけです。同時に，部品の組み立て作業など，人間の労働力への依存度が高い工場を，人件費の安い中国に移転させるなどの対応を迅速におこなったことも成功の一因といえるでしょう。

　たとえば，2016年に日本のシャープを買収した鴻海精密工業は，EMSの世界最大手です。「名を捨てて実を取る」とでもいいましょうか，華やかな表舞台に立ってはいませんが，世界のハイテク機器の隠れた主役であることは間違いありません。

　一代で年間売り上げ15兆円の企業を築いた郭台銘さん（現会長）は，シャープ再建についても自ら陣頭指揮を執り，腹心の戴正呉さんを社長に送り込んで大なたをふるった結果，1年半足らずで業績を改善させました。郭さんの強烈な

ワンマン経営については賛否両論ありますが，日本の企業風土にはない彼の経営哲学が，シャープにとって大きな刺激となったことは確かです。

このようにIT産業大国でもある台湾の経済力は，近年比較的安定しています。数字でみてみると，ひとりあたりの名目GDPは2万4337米ドル（2017年）で，中東を除くアジアでは，マカオ，シンガポール，香港，日本，韓国，ブルネイについで第7位に位置しています。また，実質経済成長率は2.86％（2017年）で，堅調に推移しています[4]。経済面からみても，台湾は日本企業のよきビジネスパートナーであるといえるでしょう。

# （5）日本より進んでいる女性の社会進出

●

あるとき，台湾の友人にこう聞かれました。

「なぜ日本には専業主婦が多いの？」

確かに，台湾では未婚，既婚を問わず仕事をもつ女性が大半です。結婚や出産を経ても，男性と変わらず仕事を続けます。企業の管理職に就いている女性も多いですし，国会議員など政治の世界でも活躍しています。そういえば2016年5月に第14代総統（大統領）に就任した蔡英文[5]さんも女性政治家ですね。

台湾女性の社会進出については，非営利団体「世界経済フォーラム（World

---

[4] 「台湾基礎データ」外務省，https://www.mofa.go.jp/mofaj/area/taiwan/data.html#section4 （最終閲覧日：2018年11月18日）

[5] 1956年生まれ，台北市出身。国立政治大学教授を経て，2004年に民主進歩党（民進党）から立法委員（国会議員）選挙に立候補し当選。2008年に民進党主席，2016年に中華民国総統に就任。

Economic Forum）」が発表している「ジェンダー・ギャップ指数（Gender Gap Index：GGI）」と，台湾政府の統計資料「性別落差指数」が参考になります。これらは，経済，教育，政治，保健医療の四つの分野のデータから男女格差を測るものです。2016年の報告書によると，台湾は調査対象の144ヶ国中およそ38位と上位にランキングされています。つまり，男女格差が小さいということですね。ちなみにアジアではほかにシンガポールが55位，中国は99位。日本はやはりというべきか，111位。韓国も116位でだいぶ苦戦しています[6]。

　ここで冒頭の知人との会話に戻りましょう。彼女は台北で夫とともにデザイン会社を経営しています。私はこう答えました。

　「うーん，子育てや家事が忙しくて仕事との両立が難しいからかなあ……。じゃあ逆に聞くけど，台湾ではなぜ両立できるの？」

　「子どもは私の両親にみてもらったり，託児所を使ったりしてる。台湾では食事も外食やテイクアウトが安くておいしいからそれで十分」

　「なるほど，育児や家事を妻がやるべきだという考え方がないのね」

　「そういうこと。そもそも夫婦ふたりいるのにひとり分の収入で我慢するの，おかしくない？　若いときはふたりで稼いだほうがいいに決まっているのに，日本人ってフシギだなあ」

　すっかりフシギがられてしまいましたが，専業主婦に違和感をもつ台湾人は珍しくありません。というのも台湾では，ひとり分の給料では生計が立ちゆかない場合が多く，必然的に共働きを選択するという事情があるからです。

　しかし，夫婦で働く理由は必ずしもそれだけではないようです。やはり彼女のいうように「ひとりよりふたりで稼げばもっと豊かになるから」という現実的なメリットを優先する価値観が社会全体に根づいているのでしょう。

また，子育てに祖父母や親戚が参加するのを当たり前と考える家族主義的な意識が強いこと，「ごはんは手作りが一番」というような固定観念にとらわれず，外食に依存することに後ろめたさがない点なども，女性の社会進出を大いに後押ししているといえるでしょう。結果的に，結婚・出産後も仕事を中断せず就業を持続できるので，男性と同様に昇給や昇格などのキャリアアップをはかることができるのです。

　男性と対等に社会で活躍し，経済力を手にした台湾の女性。その姿は，日本人の私からみるとまぶしい存在です。しかしその反面，父方の血縁を重視するという儒教的な家族観の影響で，女の子よりも男の子の誕生を強く望む風潮があるなど，女性が理不尽な思いをすることも少なくないようです。ですから日台の若い世代が，互いの労働観や家族観，ジェンダーなどについて話し合うことは，きっと意味のあるものになるはずだと私は期待しています。


## （6）日本と国交がないのはなぜ？

●

　観光でもビジネスでも親しい関係にある日本と台湾。でも意外なことに，日台のあいだに国交は結ばれていません。現在，台湾をひとつの国家と認定して国交を締結している国は世界でもごく少数なのです。これはいったいなぜなの

---

※6　世界経済フォーラム"The Global Gender Gap Report 2016", http://www3.weforum.org/docs/GGGR16/WEF_Global_Gender_Gap_Report_2016.pdf（最終閲覧日：2018年11月6日），中華民国統計資訊網「性別落差指数」，https://www.stat.gov.tw/ct.asp?xltem=33332&CtNode=6020&mp=4（最終閲覧日：2018年11月6日）

でしょうか。ここで少し台湾を取り巻く国際情勢をおさらいしてみましょう。

　1945年，第二次世界大戦が終結し敗戦国となった日本は，中国大陸に侵攻していた日本軍を次々と本国に撤収させました。すると中国（当時は中華民国）では，これまで抗日戦争に注力していたふたつの勢力，中華民国の執政政党である中国国民党※7と，革命勢力の中国共産党※8のあいだで熾烈な内戦が本格化，多くの犠牲者を出すことになります。

　共産党は，地主や資本家が独占していた土地や財産を没収して農民たちに分配することで民衆の支持を集め，次第に優勢となります。1949年，中国共産党は大陸に中華人民共和国を建国し，北京に首都を置きました。一方の蔣介石※9率いる国民党は百数十万の人々とともに台湾に敗走，台北を臨時首都として中華民国を維持しました。当時の台湾は，植民地統治者だった日本が撤退し，支配権力の空白地帯となっていたため，蔣介石にとっては好都合な場所だったのです。

　こうして1949年以降，世界には「自分こそが正真正銘の中国である」と主張する国がふたつ存在することになりました。自分が「本物」である以上，相手を「ニセモノ」とみなすわけですから，両者は鋭く対立し，ときに台湾海峡を挟んで深刻な軍事衝突も起こすようになりました。

　この「ふたつの中国」に対して，日本はどのような立場を取ったのでしょうか。当時，世界を二分する冷戦体制のもとで，アメリカが束ねる「資本主義陣営」（反共産主義陣営）の一員だった日本が選ぶ相手は，もちろんひとつしかありませんでした。1952年，中華民国台湾と「日華平和条約」を結びます。これはすなわち日本が台湾を「唯一の中国」とみなしたことを意味します。

　しかしその20年後，どんでん返しのような事態が訪れます。1960年代から中華人民共和国は，共産主義国の先輩であるはずのソビエト連邦と対立するよ

うになり，同時に国際社会での存在感を強めつつありました。そこでアメリカが大きく方向転換，米中関係が一気に接近したあおりを受け，1971年に台湾は国際連合脱退を余儀なくされます。翌72年にアメリカのニクソン※10大統領の訪中が実現，これに連動して日本も同年9月に田中角栄※11首相が日中国交正常化を果たしました。こうして中国を選んだ日本は台湾と断交し，現在に至ったというわけです。

その後，世界の多くの国が中華人民共和国を「唯一の中国」と認め，国交を結びました。その結果2018年8月現在，台湾と国交を締結している国はたったの17ヶ国だけとなりました。

また，中国は台湾を領土の一部と主張しているため，台湾が単独でWHO（世

---

※7 1919年，中国革命の指導者，孫文（1866〜1925年）が中心となり，三民主義を理念に掲げて結成された中国の政党。孫文の死後は蔣介石が指導し，全国を統一した。日中戦争（1937〜45年）では中国共産党と協力して（国共合作）日本と戦ったが，第二次世界大戦後は中国共産党との内戦が勃発，1949年に台湾に逃れた。その後2000年まで台湾の支配政党として権力を維持した。

※8 1921年に上海で結成された中国の革命政党。都市労働者や土地をもたない貧しい農民たちに支持され，中国国民党との内戦に勝利した。毛沢東（1893〜1976年）を最高指導者として，1949年に中華人民共和国を成立させ，現在まで中国唯一の支配政党として政治権力を掌握している。

※9 1887〜1975年。中国浙江省出身の軍人・政治家。孫文の死後，北京の軍閥を制圧し（北伐），党内の実権を握った。1949年，中国共産党との内戦に敗れて台湾に逃れたあとも，死去するまで中華民国総統の地位にあった。

※10 Richard Milhous Nixon，1913〜94年。アメリカの政治家で第37代大統領。在任中にベトナム戦争からのアメリカの全軍撤退や，ソ連とのデタント（緊張緩和），中国訪問などの実績を上げたが，1972年のウォーターゲート事件への関与が発覚し，74年に大統領を辞任した。

※11 1918〜93年。1972年7月から74年12月まで内閣総理大臣。中華人民共和国との国交回復を実現させたが，1976年のロッキード事件では受託収賄罪などの容疑で逮捕され，実刑判決を受けた。

1. 台湾のプロフィール ―「友だち」はどんな「人」なのか― 25

界保健機関）などの国際組織に正式加盟することは難しく，ASEAN（東南アジア諸国連合）や東アジアサミットなどの国際会議に参加することもできません。みなさんの身近な例でいうと，オリンピック出場の際は台湾を「チャイニーズ・タイペイ」と呼びますが，国なのか都市なのかはっきりしない風変わりなこの名称からも，微妙な立ち位置がうかがえますね。

　とはいえ，日本と台湾は断交後も「非政府間の実務関係の維持」を約束しました。つまり外交上では距離を置きますが，ビジネスなどの民間レベルでは今まで通りのおつき合いをしましょうという取り決めです。そこで台湾は「亜東
関係協会」（現・台湾日本関係協会），日本は「財団法人交流協会」（現・公益財団法人日本台湾交流協会）という大使館の役割を担う団体を設立し，交流の便宜をはかってきました。

　観光や留学など，ビジネス以外の関係が深まったのは，台湾の民主化が進んだ1980年代後半からです。それまで制限されていた日本のテレビ番組や雑誌などが解禁となったことで，和製ポップカルチャーが流入し，若年層の日本への関心が一気に高まりました。また，そのころから観光地開発や環境整備も進み，安心して楽しめる身近な旅行先として，日本でもあらためて注目されるようになったのです。

1. 台湾のプロフィール ―「友だち」はどんな「人」なのか― 27

## 2. 日本統治期の台湾
### ―「ふたり」はなぜ出会ったのか―

「先生，こないだテレビのグルメ番組の台湾特集をみていたら，私びっくりした
ことがあって」

　ある日，講義終了後に女子学生が私のところに来て，話し始めました。

「台北の屋台街で日本人レポーターがインタビューしてたんですけど，おばあ
さんが日本語で答えたら，『わあ，日本語お上手ですねえ〜，どこで習ったの？』
なんて感心してるんです。日本の植民地だったことを知らないみたいで，これ，
ひどくないですか？」

　おそらく，おばあさんが日本語を話せたのは，子どものころ学校で日本語学
習を義務づけられていたからです。この学生は歴史学を専攻しているので，若
いレポーターの不用意な発言と，それを放映した制作者に憤慨したのでした。
私は彼女のまっとうな意見にうなずきつつも，一方でこうした番組が成立して
しまうほど，日本では台湾近現代史について学ぶ機会がないのだという現実を
考えずにはいられませんでした。

　たとえば高校の世界史や日本史の教科書には，日清戦争の翌年に締結された
下関条約（1895年）で台湾と澎湖諸島が清朝から日本に割譲されたこと，台
北に台湾総督府という統治機関が置かれたこと，初代総督に樺山資紀※1が就任
したことなどの記述はあります。

　しかし次に登場するのは，戦時期にあたる1930年代後半から植民地でおこな
われた「皇民化政策」なので，そのあいだの約40年間に関することは，何もわ
かりません。ましてや1945年以降の台湾史を知る機会は，高校生にはほとんど

※1　1837〜1922年。薩摩藩（鹿児島県）出身の軍人・政治家。薩摩藩士として，薩英戦争，戊辰
　　戦争に従軍。のちに海軍大臣，日清戦争時に海軍軍令部長，その後海軍大将に就任，1895年に
　　初代台湾総督となる。

2. 日本統治期の台湾 ―「ふたり」はなぜ出会ったのか― 　29

ないといってよいでしょう。

そこで本章からは，その台湾史の空白期にも目配りをしながら，日本統治期の歴史をみてみたいと思います。

## （1）なぜ日本人はやってきたのか—1895年〜1910年代—

●

### 日本軍の上陸と「台湾民主国」

現代の日本に住む私たちにとって，自分の暮らす土地がある日突然，他国の所有物になるという事態を想像するのは難しいかもしれません。19世紀末の台湾で，それはどのように起こったのでしょうか。

1894年に起こった日清戦争は，朝鮮半島への支配権をめぐる清朝と日本の対立が原因です。勝利を手にした日本は，翌95年4月17日に調印された下関条約で，清朝に朝鮮の独立を認めさせてイニシアチブを奪うとともに，遼東半島・台湾・澎湖諸島のほか，多額の賠償金や通商上の特権などを手に入れようとしました。結局，列強の干渉（いわゆる三国干渉）により遼東半島は返還しましたが，このときから台湾と澎湖諸島は日本の植民地になったのです。

では，そもそも明治期の日本は，なぜ台湾領有を望んだのでしょうか。

ご存じのように，明治維新後の日本は，欧米をモデルとする近代国家をつくろうと必死でした。それはつまり，工業化による安定した経済力と，それに基づく強大な軍事力を備えた「負けない国」の建設を意味します。小国日本がその野望を達成するには，欧米と同じように原料供給地や市場としての役割を果たす植民地の獲得が必要でしたし，他国と接する日本列島の南北の国境線を先へ

先へと伸ばし，勢力を拡大していくことも重要でした。1879年に，琉球を沖縄県として正式に日本に帰属させた明治政府が，琉球の隣にある台湾を版図に収めたいともくろんだのは，ある意味自然なことだったのかもしれません。

19世紀末の台湾の人口は，原住民が約45万人，中国大陸からの移民が約255万人，合わせておよそ300万人といわれています。現在の台湾の中心地は台北ですが，当時台北は1894年4月に首府になったばかりの新開地で，大半の住民は中南部に点在する村落に住んでいました。17世紀から流入した漢族系移民が，原住民を内陸へ押しやりながら開拓を進め，数世代を経て定住し，各地に地域社会を形成していたのです。

さて，日本に割譲されたという知らせは，ただちに台北にいた台湾巡撫の唐景松[※2]に届きました。「巡撫」とは省の長官のことで，唐は清朝政府から派遣された官僚です。唐をはじめとする台北の官僚や地元有力者たちは，日本の領有を阻止するための策として，フランスの武力介入を後ろ盾とした「台湾民主国」の建国をめざします。台湾が国家として独立し諸外国と条約を締結すれば，割譲を免れると考えたからです。

しかし，ことはそう簡単には運びません。総統には唐が就任，急ごしらえの独立宣言を布告し，虎の絵入りの国旗や年号なども定めましたが，結局国際的な認知はされませんでした。そうこうするうちに，政府の中枢を担うはずの官僚たちが，清朝からの本国帰還の命令を優先して次々と台湾を離れたため，民主国は完全に形骸化しました。

一方，日本政府は着々と占領計画を進めていきます。まず海軍大将の樺山資

---

※2　1841〜1903年。中国広西省出身で，清朝末期の官僚。

2. 日本統治期の台湾 ―「ふたり」はなぜ出会ったのか―　31

紀を台湾総督に任命，彼の指揮のもと，日本軍が5月29日に台湾の北部沿岸に上陸しました。民主国総統の唐景崧がこっそり中国本土に逃亡したのは，基隆という大きな港町が日本の手に渡った6月初旬のことでした。

6月7日，基隆からわずか30キロメートル足らずの地点に位置する台北まで日本軍は進軍しました。その後台北では住民の大きな抵抗もなく，日本側にとっては拍子抜けするほど簡単に首府を占領できたのですが，なぜそれが可能だったのでしょうか。

当時の台北は，貿易に従事する商人や外国人が集まる商業都市でした。台南から首都機能が移されてまだ1年しか経っていませんし，台北はどちらかというとビジネスに特化した街だったともいえます。商人たちのなかには，やみくもに抵抗して混乱を招くよりも，日本軍を招き入れて恭順の態度を示し，財産の保全をはかるほうが得策だと考えた者もいたといわれています。

## 住民の抵抗

あっけなく首府を占領できたので，樺山はこのまま中・南部の制圧もスムースにいけると踏んでいたようです。しかし事態はまったく逆でした。日本軍は島の西側に広がる平野に沿って南に進軍していきましたが，至るところで地域住民の激しい抵抗に遭ったのです。

清朝の正規軍はすでに雲散霧消していましたので，抵抗したのは村落に住む普通の住民たちでした。彼らは自分たちのふるさとと暮らしを自分の手で守ろうとしたのです。大陸から移住した先祖が土地を切りひらき，何世代もかけて子孫たちがつくり上げてきた大切な田畑や村を日本軍に明け渡すわけにはいきません。ですから，その敵意はすさまじいものでした。

近衛師団の中尉としてこの制圧作戦に参加した石光真清[3]という人が，当時の状況を手記に残しています。それによると，中部の新竹という町で敵兵1000人ほどに包囲されたとき，相手が手にしていた武器は，ほとんどが青龍刀や槍だったといいます。また，南部の嘉義では，町を囲む城壁をはしごでのぼろうとする日本兵に向かって，上から大量の石灰がまかれたこともあったといいます。ここからも，正規軍ではない一般の人々が，自前の武器をかき集めて必死に戦おうとしていたことがわかります。

　石光はまた，ある集落を襲撃した際，逃げ遅れた敵兵が女性だったことにも驚いています。部下の兵士がとどめを刺そうとするのを思わず制止した石光は，そのときのようすを次のように書いています。


　　「女だ，女を殺したって手柄にはならんぞ。死体を残してゆけば，住民に怨まれるだけだ」

　　私がこのように怒鳴ると，その兵士は，刺すのをやめて，靴で女を蹴倒して駆け抜けて行った。台湾の戦闘に参加してから，私は屢々女兵の死体を見た。これを見るたびに，日本軍に対する住民の憎しみの強さを感じ，今後の戦いも容易でないことを知った[4]。


　こうして各地で激戦が続き，日本軍が南部の台南をようやく制圧したのは，5ヶ月後の10月のことでした。近代的装備の日本軍を相手に犠牲となった台湾

[3]　1868〜1942年。熊本県出身の軍人。陸軍中尉として日清戦争に参加，台湾領有直後の島内武力制圧にもかかわった。1917年のロシア革命後，満州やシベリアで諜報活動に従事した。

[4]　石光真清『城下の人』(中公文庫，1978年)，287頁。

2. 日本統治期の台湾 ―「ふたり」はなぜ出会ったのか― 33

住民はおよそ1万4000人といわれています。

　一方の日本軍は，300名弱の戦死者を出しましたが，彼らを苦しめたのは実戦だけではありません。慣れない気候風土の土地で戦闘を繰り返すうちに，現地の風土病や感染症で命を落とす者も多かったようです。先ほどの石光真清もコレラに感染して死線をさまよい，九死に一生を得たひとりでした。

　1895年11月18日，樺山総督は台湾全島の「平定」の完了を大本営（戦時に天皇を補佐して陸海軍を統帥する最高機関）に報告しました。しかし実際のところ「平定」は表面上のもので，その後も各地で散発的に民衆の抵抗は続きました。総督府が島内の抗日勢力をほぼ一掃できたのは，1915年のことです。つまり，日本の統治が始まってから20年近くのあいだ，住民と統治者の関係は不安定な状態が続いたといえるのです。日本にとって台湾統治は，暗中模索のスタートとなりました。


# （2）植民地とはどんなところか―1910年代〜20年代―

●

## 植民地の近代化

　さて，それでは日本は，台湾をどのように治めようとしたのでしょうか。

　台湾は，日本にとって「初めての植民地」です。イギリスやフランスなど欧米列強と肩を並べるためには，この土地での近代的な植民地経営を何とか成功させ，世界にアピールしたいと思っていました。初心者とはいえ，失敗は許されないというわけです。

　すでに述べたように，植民地とは，原料供給地や市場としての役割を果たし，

図3　台湾総督府

その土地を支配する国、すなわち宗主国に経済的な利益をもたらすために存在します。ですから日本も、島内の抗日勢力を武力制圧して治安を回復したのちは、明治維新以降、国内で推進してきた近代化政策を、この土地でも展開していこうと考えていました。

　台北には統治機関として「台湾総督府」が置かれ、1910年代まで歴代の総督には陸海軍の大将や中将が就任しました。初期の台湾総督は、島内の不安定な政情に臨機応変に対処する必要性もあったので、軍事指揮権のほか、行政権、立法権、司法権などの権力をすべて手中に収めていました。この地で日本は、総督府という最強の司令塔のもと、地域社会の末端にまで行政組織を張りめぐらせながら、島全体を一元化、一体化させていったのです。

　ところで近代化政策とは、具体的にどのようなものでしょうか。

　目にみえてわかりやすいのは、産業開発の基盤となるインフラストラクチュ

アの整備です。台湾では清朝末期の19世紀後半から，鉄道や電線の敷設，土地の測量など，ある程度の近代化がすでに始まっていました。総督府はそれを引き継いで鉄道・港湾・道路をつくり，資本主義発展のための基盤を築きます。また，そのために必要な貨幣の発行，銀行や郵便制度にも着手しました。

　総督府は一連の調査事業も進めました。全島の土地調査によって土地登記規則が制定され，所有者が明確になったことで，計画的な土地税収が可能になりました。また，現在の国勢調査のような「戸口調査」を実施して住民の動勢を把握し，住民の伝統的な慣習や生活形態などもくまなく調査しました。

　島内のおよそ300万人の住民について詳細な調査を進めながら総督府が力を注いだのは，教育制度の確立でした。島内の近代産業を継続的に発展させるためには，教育水準の高い台湾人労働者や技術者，事務職員などを育成する必要があったからです。1890年代末から1910年代にかけて，台湾人向けの小学校「公学校」のほか，中学校や職業学校，師範学校や医学校などが，各地に次々と開設されました。

　また前節で，上陸した日本兵がコレラなどの感染症に苦しんだことを述べましたね。高温多湿の台湾で今後も安定した植民地経営を続けるには，住民全体に向けた医療・衛生の整備がどうしても必要でした。そこで総督府は，ペスト，コレラなどの防疫のために，汽車や船舶，港湾での検疫や，患者の隔離，関係施設の消毒を徹底させました。また，蚊の一種が媒介するマラリアや，ネズミが媒介するペスト対策として，町や村単位で定期的に地域の大掃除をするよう行政機関に指示を出しました。さらに，内地から日本人医師を派遣したり，医学校を設立したりして台湾人医師の育成も進めました。

　こうして日本は，インフラ整備などハード面ばかりでなく，法律や規則の制

定，教育や医療・衛生の充実などのソフト面にも力を入れ，ハードとソフト両輪の近代化をぐいぐいと進めていったのです[5]。

## 植民地近代は何を生むのか

　先ほど述べたように，植民地経営のビギナーだった日本は，台湾を上手に治めて国際社会にみせつけたいと思っていました。ほんの少し前，明治維新後の日本自身が西洋から学んだばかりの近代化を，時を置かずに今度はこの土地で試してみたのです。無理に背伸びをしてでも，台湾を「植民地統治のショーウィンドウ」[6]にしたかったのでしょう。

　そうした前のめりの統治の結果でしょうか，近代化は目にみえる成果を出していきました。たとえば台北は，1920年代にはすでに近代的な西洋風建築物が建ち並び，上下水道が整備された先進的な都市となりました。当時，沖縄の最西端にある与那国島からは，「リトル東京」とも呼ばれた台北に，就職口や進学先を求めて島民が日常的に訪れていたといいます。島の人たちからみれば，台北は憧れの大都会だったのでしょう。

　鉄道も全島をカバーするようになり，中南部では基幹産業の製糖業が発展しました。教育制度も充実し，敗戦の前年，1944年の児童就学率は90％を超えて

---

[5]　日本統治期初期の近代化政策を推進した中心的人物は後藤新平（1857～1929年）である。1898年，台湾総督府民政局長（のちの民政長官）に就任，台湾全島の土地調査事業やインフラ整備を推進し，植民地経営の基礎固めをおこなった。医学を修め内務省衛生局長を務めた経験から衛生行政にも積極的で，感染症対策でも一定の成果をあげた。1906年に民政長官を辞任，南満州鉄道株式会社初代総裁に就任した。その後1918年に外相，1920年に東京市長を歴任した。

[6]　周婉窈『台湾歴史図説』（聯経出版事業股份有限公司，1997年），142頁。

図4　台北の街並み

います。また，医療・衛生行政によって，ペスト，コレラなどの感染症の発生は抑制され，それが台湾人の乳幼児死亡率の低下につながったことも確かです。

　さて，この植民地の近代化を私たちはどうみるべきでしょうか。

　大都市には立派な西洋建築や商店が建ち並び，学校や病院も整備されている。インフラも問題ないし，治安も良好。確かにいいことずくめにも思えます。台湾人と日本人の関係も常によそよそしかったわけではなく，個人レベルでは親しいつき合いや友情があちこちで育まれていたことでしょう。

　しかし，ここで台湾の人々の立場に立ってみると，植民地近代の別の側面もみえてきます。台湾の歴史学者，周婉窈（しゅうえんよう）さんは上述のような近代化の成果を認めつつも，植民地統治とは，本来的に「民族差別」という特質をもつものであると述べています。たとえば，同じ仕事をしても台湾人の公務員や教員には，日本人の半分ほどの給与しか支払われませんでした。また，日本人と台湾人の結婚が禁止されたり，初等教育機関を日本人児童向けの「小学校」と台湾人児童向けの「公学校」に分けたりする政策も長く続きました。周さんは次のように

も書いています。

　　給与面であろうが教育制度であろうが，そこにははっきりとした一本の
「民族境界線」が引かれていた。だから台湾人は，自分が「支配される植民
地人」という身分であり，それに応じた立場に置かれていることを，いた
るところで意識せざるを得なかったのだ。
　　基本的に植民地の統治者と被統治者というのは，上下・主従の関係にあ
る。統治者の優越感は，統治される者をちっぽけな存在とみなすことで成
り立っていた[7]。


　このように，植民地の人々は，日々の暮らしのいろいろな面で日本人と対等
な立場にはありませんでした。たとえ表面的には平穏で平和な社会のようにみ
えても，植民地では支配される側の人間が進学や就職などで主体的な生き方を
選ぼうとした瞬間，それを阻むかのように，支配者側の都合による差別的な意
識や社会のしくみが邪魔をするのです。それはきっと，自分の生活全体に透明
の薄い膜が張られているような，そんな息苦しさをともなうものだったのでは
ないでしょうか。
　もちろん，こうした理不尽な植民地のありように，異議申し立てを示す台湾
人もいました。1920年代から30年代にかけて，高等教育や内地留学によって
近代的な思想を身につけた知識人のなかから，植民地の自治を日本政府に要求
する動きがあらわれたのです。彼らは，第一次世界大戦後に世界的思潮となっ

---

※7　周婉窈『台湾歴史図説』（聯経出版事業股份有限公司，1997年），158頁。

図5　台湾議会設置請願運動　東京に請願に赴く代表団と支援者たち（1926年。新竹駅）。

た民族自決主義[※8]や社会主義思想の影響を受け，植民地台湾でも特別立法権や予算決定権をもつ台湾議会の設置をめざしました。

　この「台湾議会設置請願運動」にかかわった代表的人物が，医師でありながら民族運動の中心として活動した蔣渭水(しょういすい)[※9]です。彼は1921年，活動団体である「台湾文化協会」の設立にかかわり，さらに27年，政党「台湾民衆党」を結成しますが，31年に志半ばにして病に倒れ，死去します。その後，民族運動は総督府の厳しい取り締まりのなかで四分五裂し，「台湾人の議会をつくる」という望みはかないませんでした。しかし，彼らの議会設置を求める近代的な政治社会運動とその精神は，台湾史における貴重な経験値として次の世代に受け継がれていきました。

　読者のみなさんは，ここまでみてきておわかりでしょう。統治者が近代化政策を進め，教育水準が上がれば上がるほど，それによって誕生した知識人たち

は，自身の主体性とアイデンティティを自覚し，統治者からの自立や自治の道をみいだそうとするのです。植民地の人々は，自分の人生に張られた薄い膜の下で息をしながら，その膜を自分の手で破ることを夢みるような生き方をしていたのかもしれません。

## (3)「霧社事件」はなぜ起こったのか―1930年代―

●

### 原住民への政策

　さて，日本統治期の台湾社会について，前節までは主に中国大陸をルーツにもつ漢人の人々の歴史を述べてきました。

　それでは，漢人よりずっと前から台湾に住んでいた原住民の人々の生活は，日本の支配によってどのように変化したのでしょうか。ここで，植民地支配と原住民の関係についてみてみましょう。

　19世紀末までの清朝時代，原住民は，平野に住み漢化が進んでいた人々（平埔族）と，漢人に抵抗しながら民族の伝統文化を保持していた人々に二分されていました。清朝政府は後者のことを「蕃人」と呼びました。「蕃」とは，「中華文明の教化の及ばないところ」という意味です。清朝の統治者の目には，中華文明を吸収できない彼らは「野蛮」な人々と映ったのでしょう。原住民の多

---

※8　すべての民族は，他の民族の支配や干渉を受けずに自ら政治をおこなう権利があるとする考え方。第一次世界大戦末期にアメリカ大統領ウィルソン（1856〜1924年）が「14ヶ条の平和原則」のなかで提唱した。

※9　1891〜1931年。台湾の医師で社会運動家。台湾総督府医学校卒業後，台北で医院を開業しながら，台湾議会設置請願運動に参加，台湾文化協会や台湾民衆党の結成に尽力した。

図6　原住民と隘勇線の遺物（1930年ごろ）

くは山地の集落に住んでいたので，清朝は漢人居住地とのあいだに境界区域を設け，相互の接触に制限を設けていました。

　総督府もまた，原住民への統治政策を「理蕃政策」と呼びましたが，これは清朝時代の呼称をそのまま使用したものです。図6のような漢人との境界線（隘勇線）を設置した方法もよく似ています。

　しかし総督府の理蕃政策は，清朝時代よりずっと厳しいものでした。日本は原住民を指定の行政区域に囲い込んで管理するという政策を進めたからです。1910年からは軍隊や警察隊も投入して，抵抗する民族に武力をちらつかせて帰順させたといいます。原住民のなかには，総督府が定めた地域への移住を余儀なくされる者もいました。また，本来の生業であった狩猟や焼き畑農業を放棄し，代わりに水田での稲作や牧畜をおこなうよう指導されることもありました。

こうした原住民居住区のなかで，最も強い権力を握っていたのは，警察でした。主な原住民集落には駐在所が置かれ，日本人警察官が配置されました。駐在所の警察官といっても，今の私たちがイメージする「交番のおまわりさん」とはだいぶ違います。彼らはその地域の政治，産業，衛生，教育など，原住民の生活全般を統括する権力者でした。つまり，これまで集落を仕切ってきた長老や，それを補佐する青年リーダーたちに取って代わった「集落の王様」のような存在なのです。

　彼らは集落を，いわゆる「アメとムチ」の方法で支配していきました。たとえば「蕃童教育所」という学校では，子どもたちに日本語や日本の習慣を教える先生になったり，田植えの方法を教える指導者を務めたりすることもありました。このような「アメ」の指導が，原住民の生活に新たな技術や知識をもたらしたこともまた事実でしょう。

　その一方で，集落の警察官のなかには，原住民を道路や橋の建設，森林伐採などの労働に低賃金で従事させた者もいました。これらの作業にかり出されているあいだ，人々は本来の仕事である農耕や狩猟をすることができず，伝統的な暮らしを続けられなくなりました。しかし警察官に不満をもったとしても，武器を没収され生活を監視されている限り，反対を唱えることは容易ではありませんでした。

　ところで総督府は，そもそもなぜ原住民をこんなに厳しく支配したのでしょうか。

　標高の高い山奥に住む民族も多いのだから，支配するにはお金も手間もかかるはず。「そこまで必死にならなくてもよかったのでは……」と思う読者もいるでしょう。

2. 日本統治期の台湾 ―「ふたり」はなぜ出会ったのか― 43

実は総督府は，台湾の山林地域にある貴重な資源を手に入れようとしていたのです。それは主に，樟脳とヒノキでした。樟脳とは，クスノキという樹木の木片を蒸留してつくられる結晶体で，セルロイドや火薬，防虫剤や医療品などに幅広く使われるものです。みなさんの身近な例でいえば，タンスに入れる防虫剤などに使用されています。ヒノキは日本内地でも育ちますが，台湾ヒノキは神社の鳥居などにも使われる高級木材です。樟脳もヒノキも貴重品として日本内地へ運ばれました。これらの資源を山奥から切り出し，ふもとまで運搬するには，広い道路と多くの労働力が必要です。だから総督府は，原住民居住地区を管理し，そこに住む人々に労役を課したのでした。

## 霧社事件とはどのような事件か

　『セデック・バレ』（原題：賽徳克・巴莱）という台湾映画をご存じでしょうか。監督は魏徳聖[※10]さん，7億元（約25億円）の巨費を投じて制作された4時間半に及ぶ大作で，2011年に公開されると，日本でも話題になりました。

　この映画は，1930年10月に台中州能高郡霧社（現在の南投県仁愛郷）で起こった「霧社事件」を描いたものです。これは，この地域に住む原住民のセデック族が，指導者モーナ・ルダオとともに抗日蜂起を計画，式典に参加するため霧社小学校に集まっていた在住日本人を襲撃し，134名を殺害した事件です。

　霧社事件は，当時の日本国内でも大きく取り上げられました。多数の犠牲者が出たからということもありますが，日本人を震撼させたのは，その時期と場所です。

　1930年といえば，日本人にとっては統治が軌道に乗り，安定した植民地経営がおこなわれていると認識していた時代です。しかも，霧社というところは，理

図7 『セデック・バレ』のDVDジャケット

蕃政策が成果を上げた「模範的」な集落とされていました。つまり霧社事件とは，台湾統治の評価を根底から覆すような衝撃を日本社会に与えたものといえます。

　私も20年ほど前に霧社を訪れたことがあります。中部の都市台中から，バスで1時間半，急峻な山々に囲まれた標高1100メートルほどの高地にある集落です。風がさわやかに吹き抜けるこんな静かな場所で，なぜ陰惨な出来事が起きたのでしょうか。ここで事件の経過をみてみましょう[※11]。

　1930年ころの霧社は，むしろ今よりもにぎわっていたのかもしれません。山

---

※10　1969年生まれ，台湾の映画監督。代表作として，『セデック・バレ』のほか『海角七号　君想う，国境の南』（2008年）がある。馬志翔監督の『KANO　1931海の向こうの甲子園』（2014年）では制作・脚本で参加した。

※11　霧社事件の全容については，鄧相揚（下村作次郎・魚住悦子訳）『抗日霧社事件の歴史―日本人の大量殺害はなぜ，おこったか』（日本機関紙出版センター，2000年）を参照。

2. 日本統治期の台湾 ―「ふたり」はなぜ出会ったのか―　45

地を東西南北に抜ける交通の要衝で，近隣に樟脳の製造所が建てられたため，警察課分室や駐在所のほか，小学校，公学校，郵便局，診療所，旅館や雑貨店もあったようです。日本人は150人余り，漢人も110余人が住んでいたといいます。またこの霧社の周辺には，数キロメートル圏内に11の原住民集落があり，人口は合わせて2100人ほどでした。霧社事件では11集落のうち6集落の人々が蜂起に参加しています。

　前述のように，原住民たちは警察官などから日常的に高圧的な指導や指示を受けており，不満をつのらせる者も少なくありませんでした。なかでも，霧社事件の20日前にマヘボ社という集落で起きた警察官とのトラブルが，蜂起の引き金のひとつになったといわれています。

　1930年10月7日，マヘボ社の頭目，モーナ・ルダオの家の前を，駐在所の日本人警官2名が通りがかりました。モーナの家では，ちょうど集落の青年の婚礼がおこなわれており，にぎやかな宴の最中でした。モーナ・ルダオの長男タダオ・モーナは，巡査をみかけて喜び，声をかけて酒を勧めました。

　巡査はそれを断ったのですが，タダオはあきらめず押し問答が始まりました。そのとき，タダオの手に宴の料理で屠った豚の血がついているのをみた巡査が，嫌悪感から思わず彼をステッキで殴打したのです。ここから他の青年たちと巡査がもみ合いとなりました。モーナが制止してその場は収まったものの，巡査とマヘボ社の人々のあいだには深い亀裂が生じました。頭目としてのモーナの威信が失われたのと同時に，巡査のふるまいを集落全体への侮蔑的行為ととらえたからです。

　こうして10月27日，決起の日が訪れます。この日の早朝，モーナは仲間とともにまず各所の駐在所を襲撃，銃器や弾薬を奪ったのち，霧社小学校の運動場

図8　モーナ・ルダオ（中央）

に一斉に攻め込みました。その場にいたほとんどの日本人が、わずかな時間のうちに殺害されました。

　一報を受けた総督府は、翌28日から軍隊と警察などおよそ4000人と、「味方蕃」と呼ばれる日本側についた集落の人々も動員し、モーナたちの掃討作戦を開始しました。台湾軍司令部は、地上の砲兵部隊と連携して飛行機4機を飛ばし、偵察や空襲をおこなうほか、投降を呼びかけるビラを配りました。また、内地から運んだ大量の催涙弾や焼夷弾も投下しました。

　12月26日、総督府は50日以上を費やし、原住民640人余りの犠牲者を出して事件を鎮圧しました。指導者モーナ・ルダオは大勢が決したことを悟ると、山深くに身を隠したのちに自害しました。翌年4月には、生き残った事件関係者の

うち半数近い214名が「味方蕃」によって殺害されています。この襲撃もまた，警察の教唆によるものでした。

1931年1月，事件の責任を取って，当時の台湾総督石塚英蔵と総務長官の人見次郎は引責辞職をしました。しかし，その後も日本の台湾統治に対する方針や方向性に変化はありませんでした。あくまでモーナ・ルダオたちの不満と反抗心が主な原因であると結論づけられたのです。

## （4）皇民化政策とは何か―1937年～45年―

●

### 「皇民化」とはどういうことか

ここからは1930年代後半の台湾社会についてみてみたいと思います。というのも，植民地台湾は，1937年に勃発した日中戦争によってきわめて大きな変化を余儀なくされたからです。

いうまでもなく日中戦争とは，37年7月の盧溝橋事件[12]を契機として始まった中国への侵略戦争です。日本内地では，当時の第一次近衛文麿[13]内閣のかけ声で，国民を戦争に協力させるための思想統制運動「国民精神総動員運動」が始まりました。これは，国民ひとりひとりが労働や兵役などによって「お国のために尽くす」ことを求めるものでした。政府は，学校や家庭，地域社会のあらゆる活動で，人々にそうした軍国主義的なふるまいを求めたのです。

「国民精神総動員運動」は植民地の朝鮮や台湾でもただちに始まりましたが，日本人にとって植民地での総動員運動は，内地とは異なる緊張感をともなったはずです。なぜなら，文化も歴史も違う異民族の人々を「帝国臣民」（天皇に忠

図9　台北の龍山寺(りゅうざんじ)でおこなわれた国防訓練大会に参加する台湾の青年たち

誠を誓う国民)，つまり「本当の日本人」として生まれ変わらせなくてはならないからです。

　特に台湾の場合，地理的にも血縁の面からも中国と関係の深い漢人が住んでいますから，彼らを戦争に動員させるには，中国的な伝統文化を徹底的に排除することが必要でした。こうして戦時体制下の植民地で，統治者の主導によって展開された一連の同化政策のことを，「皇民化政策」と呼んでいます。

　それでは，台湾の皇民化政策とは具体的にどんなことをしたのでしょうか。

　この政策は，台湾人の外見と内面の両方を「日本人化」することをめざして

※12　1937年7月7日，中国の北京郊外にある盧溝橋という橋の付近で勃発した日本軍と中国軍の武力衝突。日中戦争の発端となった事件。
※13　1891〜1945年。日本の政治家。1937年，第一次近衛内閣を組織。同年7月の日中戦争拡大を抑えられなかった。1940年に第二次，翌41年に第三次近衛内閣を組織，対米交渉にあたったが失敗し総辞職。戦後，戦犯容疑者に指名され自殺した。

図10 戴先生の少年時代（右から2人目。1941年）

いました。外見とは，しぐさや服装，生活習慣，冠婚葬祭の慣習，さらには姓名を日本風に改めること（改姓名）などです。内面とは，道教など中国の民間信仰を否定し，日本の国家神道※14を信じ，天皇を崇拝することなどです。そして，何より求められたのは，日本語の使用でした。これまでも台湾人は学校で日本語を学び，職場などで使用していましたが，さらに家庭でもすべて日本語を話すよう指導されたのです。

　ここで，私の指導教授にもう一度登場してもらいましょう。本書の第1章第3節で，客家語を話していたあの先生です。先生の名は戴國煇※15，台湾中部の桃園県出身の客家人です。皇民化政策期に少年時代を過ごした先生は，当時，戴家の当主である父親が，さまざまな事情から改姓名に踏み切るまでのいきさつをエッセイに著しています。

　地元の名望家で，長男・次男ともに職業軍人だった戴家は，家庭でも日本語

を使用する「国語常用家庭」とみなされていました。しかも四男の國煇少年は公学校の担任が太鼓判を押すほどの秀才です。いわば「模範的」な家庭なわけで，あとは改姓名をするだけだ，と周囲の日本人は父親を説得します。長男・次男が帝国軍人として出世するためにも，四男が中学受験に合格するためにも必要不可欠だというのです。誇り高い戴家の当主にとっては受け入れがたいものでしたが，逡巡したのち，息子たちの将来のためにと役所に出向き，改姓名を申し出ます。日本語がわかるのに人前では絶対に使おうとしない父親は，三男を通訳代わりに引き連れて窓口に向かいました。

　　父は当時中学二年生の三兄をともなって役所に出かけていった。改姓名の手続きをするためである。窓口の日本人係官は当然のことながら雀躍りした。
　　書類にあった改姓名は「誰國」だった。窓口はもちろん読めない。（中略）窓口はこの「テルクニ」はどこからきたと三兄に問いつめてきた。三兄はわが家の黄河流域における出身地の地名であることを告げた[16]。

※14　明治政府が近代天皇制のもとでつくり出した国家宗教。全国の神社を通じて，国民に天皇崇拝と国家主義思想を定着させようとした。

※15　1931〜2001年。台湾出身の歴史学者で，立教大学文学部教授（1976〜96年）。主な著書に『台湾と台湾人—アイデンティティを求めて』（研文出版，1979年），『台湾—人間・歴史・心性』（岩波新書，1988年），『台湾という名のヤヌス—静かなる革命への道』（三省堂，1996年）などがある。

※16　戴國煇「中国人にとっての中原と辺境—自分史〈台湾・客家・華僑〉と関連づけて」『民族の世界史5　漢民族と中国社会』（山川出版社，1983年），372頁。

戴家では，一族は春秋戦国時代（前770〜前221年）に譙郡（現在の中国・河南省商丘郡）に始祖の地を得たと語り継がれていました。そのため父親は，一族のルーツを苗字に残したいと考えたのです。しかし，きわめて中国的なこの姓を窓口の日本人が認めるはずはありません。もう一度家に帰って考え直してくるようふたりに命じました。

　　父はやむなく第二案として，戴を分解して「土田」はどうかと申し出た。「痕跡」が残っていると，逆に「吉田」を窓口の方から提示してきた。父は三兄を通じて，「吉田」はいいが「吉田」にしたいと再度抵抗を試みるが，これもまた「痕跡」が残るとの理由で拒否され，最終的には「吉田」案をのまされたのだった[17]。

　中国文化圏の人々にとって姓は，先祖から脈々と受け継いできた唯一無二のものです。明治期まで庶民が公的な苗字をもたなかった日本とは，その意味と重みが異なります。

　しかし皇民化政策期の台湾で，日本はその大事な姓を「分解」させてまで奪い取ろうとしました。たとえそれが強制ではなかったとしても，戴家が「吉田」という姓を受け入れたとき，どれほど屈辱的な思いをしたのか。読者のみなさんも，戴先生の文章からその心情をくみ取ることができるのではないでしょうか。

## 戦時下の植民地で「自分らしく生きる」には

　私は本章第2節で，植民地の人々の暮らしは，「自分の生活全体に透明の薄い

膜が張られているような，そんな息苦しさをともなうもの」だったのではない
かと述べました。1930年代後半以降の戦時期では，皇民化政策によってその薄
かった膜が厚みを増し，隙間なくぴったりと自分に張りついているような状況
だったのかもしれません。戴家の改姓名のエピソードは，そんな時代の救いよ
うのない理不尽さを示すものといえるでしょう。

　さて，もし読者のみなさんがこの時代に生きる台湾人だったら，皇民化とい
う抑圧のもとで「自分らしく」生きるために何をしたでしょうか。

　たとえば戴家の父親のように，子どもたちの将来の可能性のためなら，自身
の誇りを捨ててまで改姓名をする場合もあるでしょう。でも一方で，日本語を
決して口にしないという一点については譲らず，民族のアイデンティティを守
り抜こうとするかもしれません。

　あるいは，こんな方法はどうでしょうか。先ほど述べたように，当時総督府は，
皇民化政策の一環として中国の伝統的な寺や道教寺院を否定し，そこに安置し
ていた神仏像を破棄する活動「寺廟整理」を各地で進めていました。そして台
湾人に神社参拝を奨励し，各家庭には日本風の神棚を置いて拝むよう指導しま
した。

　戴家もまた，その指導に表向きは素直に従いました。しかし警察官の巡回
チェックは昼間だけ。父親は夜になると，なんと神棚を取り外し，ちゃっかり引
き出しの隅に放り込んですまし顔でいたそうです。おそらく当時は多くの家庭
で，同じことがおこなわれていたに違いありません。こうした「面従腹背」に
よって理不尽な時代を「やり過ごす」こともまた，庶民が自分を失わずに生き

---

※17 戴國煇「中国人にとっての中原と辺境―自分史〈台湾・客家・華僑〉と関連づけて」『民族の
　　世界史5　漢民族と中国社会』（山川出版社，1983年），373頁。

図11　高砂族（原住民）を対象とした修練所（1944年ごろ）

延びる方法だったといえるのではないでしょうか。

　最後に，植民地の青年が選んだもうひとつの「生きる道」についてみてみましょう。

　日中戦争に続いて，1941年，日本は太平洋戦争に突入，さらに戦線を拡大していきます。台湾でも42年から，「陸軍特別志願兵」制度が始まりました。1回目の募集には，1000名ほどの定員になんと42万人もの申込者が殺到したそうです。また原住民は，「高砂義勇隊」として編成され，南方戦線[※18]に向かいました。こうした志願兵ブームを，私たちはどうみるべきでしょうか。

　もちろん，周囲の目や地域社会の要請などの圧力があって，実際は志願というより断り切れずにエントリーした青年たちも多いのでしょう。その一方で，皇民化教育を受け，自ら熱く望んで応募した「皇国青年」が大勢いたこともまた事実です。

台湾の作家，呉濁流[19]は，戦時中の台湾社会を描いた日本語による小説『ア
ジアの孤児―日本統治下の台湾』のなかで，戦争に否定的な主人公の胡太明が，
特別志願兵に応募しようとする甥の達雄に対して説得を試みる場面を描いてい
ます。


　　「達雄くん，志願というのは立派なことだ。いったいどうしてその気に
　なったか，一つ君の信念をきかしてくれないか」
　と言った。達雄は勢い込んで，彼の所信を披瀝しはじめた。それによると，
　台湾人は今日本人になれるかなれないか，大きな試練の時期に立っている。
　そして，現在戦われている聖戦（彼は聖戦と言った）に協力することによっ
　てのみ，その試練にうちかつことができる。十億の東亜人民の解放のため
　に人柱となることこそ，われわれ青年の本懐だというのだった。理論とい
　うにはあまりにも幼稚な考え方だった[20]。


　呉濁流の小説には，このように戦時期の台湾人が「自分は台湾人なのか，日
本人なのか，あるいはどちらであるべきか」というアイデンティティの分裂に
苦しむ場面がたびたび登場します。達雄は小説のなかの架空の人物ですが，苦
悩の末に達雄と同じような考え方をもつに至った青年たちが，当時の台湾には

※18　1941年から始まった太平洋戦争で，日本軍は東南アジアや太平洋の島々の攻略作戦を実施し
　　　た。その範囲は，フィリピンやマレー，香港，グアム，オランダ領東インド（現在のインドネシ
　　　ア共和国）にまで及んだ。
※19　1900～76年。台湾の作家・詩人。日本統治期や戦後の台湾社会のありさまを鋭い視点から描き，
　　　「台湾人とは何か」という重い課題を読者に問う作品が多い。
※20　呉濁流『アジアの孤児―日本統治下の台湾』（新人物往来社，1973年），290頁。

2. 日本統治期の台湾 ―「ふたり」はなぜ出会ったのか― 55

数多く存在しました。

　その青年たちにとって，志願兵になることはすなわち「『日本人』として認められること」を意味しました。支配者の日本人と肩を並べて戦い，あわよくば軍功を挙げて日本人を見返すチャンスでもあったのです。戦場は「死」が待ち受けている場所ですが，皮肉なことに彼らにとっては自己実現をめざす場，つまり「生きる道」でもありました。大勢の「達雄」たちがこのような道を選ばざるを得なかった時代状況を，現代の私たちは何度も想像し直してみる必要があるのではないでしょうか。

　台湾では，1945年4月から内地と同様に徴兵制が実施されました。結局，8月15日の敗戦を迎えるまでに，およそ20万人以上の台湾人が日本軍（軍属も含む）として戦場に赴き，そのうち3万人以上が死亡しています。

　こうして植民地にも多大な犠牲を払わせたまま，日本は敗戦を迎えます。戦後，台湾人は日本国籍を失ったため，元軍人・軍属の遺族や帰還兵などに対する日本政府からの補償はまったくありませんでした。1987年以降，ようやくひとり200万円の弔慰金が支払われましたが，日本人に対する軍人恩給や遺族年金などの手厚い補償にくらべると，それはあまりにも少額であるといわざるを得ません。

　1945年8月15日，日本の無条件降伏によって，満州事変※21以来15年に及んだ戦争が終結しました。9月2日，日本は連合国に対する降伏文書に署名，これを受けて台湾は中国（中華民国）に復帰し，蒋介石率いる国民党政府が接収することになりました。50年にわたる日本の台湾支配がついに終わったのです。

※21 1931年9月18日，中国の奉天（現在の遼寧省瀋陽）郊外の柳条湖で南満州鉄道が爆破された
　　事件を契機として，日本軍がおこなった満州（現在の中国東北部）への侵略戦争。

# 3. 戦後の台湾社会
## ―「友だち」はどんな道を歩んできたのか―

第2章まで読み進めてきてくれたみなさんは，日本と台湾，「ふたり」が歴史の上でどのように出会い，歩んできたかをみてきました。それは必ずしも波風のない穏やかな日々ではなかったことも，おわかりいただけたと思います。

　さて，本章からは戦後の台湾史をお話しします。これまでと違って，日本は少ししか顔を出しませんが，現在の日台関係を理解するときに，戦後の台湾社会を知ることは絶対に欠かせません。でもその内容は歴史の教科書にもほとんど登場せず，みなさんが学ぶ機会も少なかったのではないかと思います。ここでぜひ一緒にみていきましょう。

# （1）戦後の台湾社会で何が起こっていたのか
## ―1945年〜47年―

●

## 日本が去ったあとの台湾社会

　1945年8月15日以降，日本人と台湾人の立場は逆転します。これまで統治者だった日本は敗戦国となり，中国に復帰した台湾に住む約600万の人々は一夜にして戦勝国の人間になったからです。約30万人もいた台湾在住日本人は，わずかな荷物を携え，次々と本土に帰っていきました。

　それと入れ替わるように，中国大陸から国民党政権の関係者や軍人が台湾にやってきました。台湾は中華民国の「台湾省」という行政区域となり，台北には政務をおこなうための「台湾省行政長官公署」という役所が置かれ，蔣介石が派遣した陸軍大将の陳儀が長官に就任しました。

　当時の台湾の人々は，この歴史的な逆転劇をどうとらえていたのでしょうか。

3. 戦後の台湾社会 ―「友だち」はどんな道を歩んできたのか―　59

前章でご紹介した台湾人作家, 呉濁流の『ポツダム科長』という小説では, 主人公の台湾人女性 張 玉蘭が国民党軍上陸の歓迎パレードを見物する場面で, 彼女の心情を次のように描いています。


　　老若男女が集まってきて満都の人が沸き返るような騒ぎだ。長官公署の前には日本人の中学生, 女学生, 高等学校の生徒などが, ずらりと大通りの両側におとなしく立ち並んでいる。玉蘭はそれを見て心のなかであきれてしまった。「支那兵, 支那兵」と言って今までバカにして威張っていたものが, こんなざまでは実に情なく思われるのであった。

　　ふと見ると, 日本人はふだんに似合わず, どれもこれも淋しそうな顔をしていた。玉蘭は「日本人の気持は一体どんなものかしら?」と考えてみたが, 周囲があまり騒ぐのでそんなことには構っていられない。そんなことよりも玉蘭はもう子どもが親を慕うように, 一刻も早く祖国の兵隊さんを見たい衝動を覚えるのであった[※1]。


　日本の支配から自由になった解放感, 祖国復帰への期待, 日本人への冷めた視線や憐れみ……。呉濁流は, 単純な「怒り」や「喜び」だけでは表現できないような, 当時の台湾人の複雑な思いを玉蘭に語らせているようにみえます。

　しかし, 玉蘭たちの国民党軍に対する「子どもが親を慕う」ような気持ちは, 長くは続きませんでした。1945年10月から始まった長官公署による統治に対し, 翌46年には早くも台湾人から強い不満の声が上がるようになったのです。

　理由はいくつかあります。まず, 中国大陸の経済圏と連動したため急激なインフレが起こり, 失業者が激増したこと。また, 新たな公用語が中国語(北京語)

となり，これまで日本語や台湾語を使っていた台湾人は，役所や公営企業など
に就職したくても非常に不利な立場に置かれたこと。さらに，役人の汚職が横
行し，警察官や兵士も規律を守らず治安が悪化したこと。これらの混乱のなか
で，大陸から来た人々（外省人）と戦前から台湾に住む人々（本省人）の感
情的な対立が露わになっていきました。

　そもそも大陸で長く苦しい日中戦争を戦い抜いてきた外省人にとってみれ
ば，日本は許しがたい侵略者です。彼らの目には，ついこのあいだまでその敵の
教育を受けていた台湾人も，やはり信用ならぬ者と映りました。一方の本省人
たちは，日本と入れ替わるようにやってきた新たな統治者に再び自己を否定さ
れることを，耐えがたい屈辱と受け取りました。両者の関係が破綻をきたすの
は，時間の問題だったのかもしれません。


## 二・二八事件は何を残したのか

　本省人の失望と不満は，ある事件が引き金になって爆発しました。1947年2
月27日，台北市内の路上でヤミ煙草を売っていた女性が取締官にみつかり，商
品を没収されたうえに，頭部を殴られて負傷しました。これに対して周囲の人々
が抗議したところ，取締官が発砲，市民のひとりが流れ弾に当たって死亡した
のです。

　翌28日，激高した市民たちが長官公署前の広場で政治改革を要求する抗議デ
モをおこなうと，今度は長官公署の屋上から，人々に向かって憲兵が機関銃を
掃射し，多数の死者が出ました。ここから事態は一気に悪化します。市民が放送

---

※1　呉濁流「ポツダム科長」『泥濘に生きる―苦悩する台湾の民』（社会思想社，1972年），187頁。

図12 二・二八事件発生当日の台北駅前

局を占拠して全国に決起を呼びかけたため,全島で本省人が外省人を襲撃するなどの暴動が頻発したのです。これが二・二八事件の発端となりました。

3月1日,事態を収拾しようと台北市参議員らが「緝煙血案調査委員会」を組織し,行政長官の陳儀と話し合いの場をもちました。その結果,陳儀は,今回の事件関係者に対しては責任を問わない,逮捕者をすぐに釈放し,死傷者の補償もおこなうなどと約束,委員会は「二・二八事件処理委員会」に改組され,事後処理にあたることになりました。

処理委員会の設置で,事件は沈静化するはずでした。台北以外の地方都市ではなおも本省人の武装行動が続いてはいたものの,3月6日に陳儀は,政治改革を求める処理委員会の要望も受け入れると表明したからです。

しかし,これにはウラがありました。このとき陳儀は,中国大陸の南京にいる蔣介石に密かに打電し,鎮圧軍の出動を要請していました。処理委員会に柔軟な対応をしたのは,軍隊が到着するまでの単なる時間稼ぎだったのです。

3月8日,中国大陸から派遣された国民党政府の増援部隊約1万数千名が,北

部の基隆港と南部の高雄港から上陸，市民に向かって銃口を向け，一斉掃射を開始しました。理由もなく捕らえられ，駅前広場で公開処刑された人もいたといいます。また，危険人物とみなされた人々，とりわけ民衆の指導的立場にあった政治家や弁護士，医師，大学教授などの知識人が，次々と誤認逮捕され，命を落としました。

　2週間後，政府軍は台湾全土を武力制圧しました。この約1ヶ月のあいだにどれほどの犠牲者が出たのかは明らかではありませんが，歴史学者の周婉窈さんによれば，死者は1万8000人以上にのぼるといいます。

　国民党軍の歓迎パレードを胸はずむ思いでみていた張玉蘭のような市井の人々は，二・二八事件の絶望的状況をいったいどのようにとらえ，それをどのように記憶に留めたのでしょうか。周婉窈さんは，次のように書いています。

　　もし人類社会にいわゆる「共同記憶」（甘美なものにせよ，恐怖の記憶にせよ）があるとしたら，二・二八事件は台湾本省人にとっては共同の悪夢と言うことができる。悪夢のさなかにある人は，叫びたくとも声が出ず，心の重石を除けたくとも除けられない。（中略）

　　半世紀も経た現在でも，今なお振り切れない陰影のように，引き続いて私たちにまとわりついている。もしこの悪夢の幻影を徹底的に消し去ろうとするならば，まずそれをしっかりと正視し，それを分析し，客体化された共同の認識としなければならない[2]。

※2　周婉窈（濱島敦俊監訳）『増補版　図説台湾の歴史』（平凡社，2013年），201頁。

事件の直接の被害者やその関係者はもちろんのこと，その後，現在に至るまで語り継がれてきた暗い記憶を共有したすべての人々にとって，この事件は「振り切れない陰影」であり，「共同の悪夢」でした。それは本省人だけでなく，多くの外省人にとっても同様であろうと私は思います。このときから台湾社会には，「省籍矛盾」（外省人と本省人の対立）が生まれ，解消できないまま長い時間が過ぎていくことになるからです。

　まとわりつく陰影を消し去り，二度と悪夢をみないためにはどうしたらいいのか。周さんは，それを正視し，客観的に分析し，客体化するしかないといっています。そしてそのことば通り，人々はこの事件に向き合い，「悪夢」をひとつの「歴史」として客観的にとらえようと地道な努力を重ねてきています。その具体的な試みについては，第4章でご紹介しましょう。


## (2) 台湾社会はなぜ民主化できたのか―1950年代〜90年代―

●

### 二・二八事件後の台湾社会で何が起きていたのか

　二・二八事件で生じた国民党政府と本省人のあいだの深い亀裂は，もはや修復しがたいものとなっていました。政府は事件後1ヶ月も経たないうちに，農村などに潜伏する反政府的な人物を洗い出す「清郷工作」を実施し，全島の隅々まで取り締まりを徹底強化しました。不審者として逮捕されれば，公正な裁判を受けずに罪を着せられてしまいます。ですから人々は公の場では事件のことを一切語らず，政治とも距離を置くようになりました。

　一方，中国大陸では共産党との内戦で追いつめられた国民党が，いよいよ本

格的に台湾への移転工作を進めていました。1949年に入り大陸での敗北が決定的になると，続々と政府関係者やその家族が移動しましたが，そのなかに共産党のスパイがまぎれ込むことを国民党は恐れました。1948年，憲法に「動員戡乱時期臨時条款」という条項を加え，総統が共産党制圧のために強大な権限をもてるよう定めたのには，そうした背景があります。

　1949年5月，その臨時条項に基づき，台湾省警備総司令部は「戒厳令」を発令しました。戒厳令とは，戦争やクーデターなどの国家の非常時に，治安回復までの一時的措置として統治権の一部を軍部に委ねるものです。そのため戒厳令下では，令状なしの逮捕や夜間外出の制限がおこなわれ，集会・結社，デモやストライキなども禁止となり，住民の基本的人権がはなはだしく侵害されます。

　台湾の戒厳令は，敵対する共産党員や共産主義者を徹底的に摘発し，弾圧することを目的としています。しかし同時に，住民全体の行動を厳しく制限できたため，共産主義者ばかりではなく，政府にとって都合の悪い考え方や意見をもつ人々をあぶり出す監視網の役割も果たすことになりました。政府は，二・二八事件のような反政府運動の再発を非常に警戒していたからです。

　1950年代以降，戒厳令下での取り締まりはますます強化されました。台湾では，これを「赤狩り」（当局による共産主義者への弾圧）を口実にした恐怖政治ととらえ，「白色テロ」と呼んでいます。白色テロは，戒厳令が解除される1987年まで，およそ38年にわたっておこなわれました。統計によると，約14万人が拷問を受け，そのうち3000〜4000人が処刑されたといいます。そのなかには，密告などで無実の罪を着せられたまま命を落とした人も多数いました[3]。本省

---

※3　周婉窈（濱島敦俊監訳）『増補版　図説台湾の歴史』（平凡社，2013年），226頁。

3. 戦後の台湾社会 ―「友だち」はどんな道を歩んできたのか―　65

図13 李遠哲

人ばかりではなく，外省人，原住民にも魔の手は及んだといいます。

　元シカゴ大学教授で，台湾人として初のノーベル化学賞（1986年）を受賞した李遠哲※4さんは，高校時代にクラスメイトが目の前で突然連行されるという衝撃的な経験をしたひとりです。彼は次のように記しています。

　　ある日の物理の授業中，校長が突然名簿を手に教室に入ってきて，生徒の名前を読み上げた。名前を呼ばれた友人は立ち上がって泣き始めた。窓の外をみると，ジープが2台止まっており，私服の憲兵数人が校舎を取り囲んでいる。友人を逮捕しようとしていることが私にも理解できた。校長に連れられてジープに乗るまで，彼はずっと泣き叫んでいた。こうして，きわめて理不尽なかたちで友人は連行されたのだった。
　　彼とは意気投合し，さまざまなことを語り合った仲だったので，母はこの事件のあと，何ヶ月も眠れないほど心配したようだ。次に連れて行かれるのはわが息子かもしれない，そうなったら二度と戻ってこないだろう，

と私を案じたのである[5]。


　その友人は李遠哲さんにとって，「公平で合理的な社会をどうしたら実現できるか」という議論ができる大切な存在でした。ふたりで語り合った理想の社会とは，やや「社会主義的な色彩を帯びたもの」だった，と李さんは回想しています。当時は，友人同士のほんの些細な会話や，たまたま誰かから借りた本の内容が共産主義的であるとみなされただけでも嫌疑がかかる時代でした。

　もしあなたが，こうした恐怖政治のもとで暮らしていたら，いったいどうふるまうでしょうか。どんなに親しい間柄の人とも，やはり政治の話は避けるかもしれませんね。それは自分や家族や友人の穏やかな生活を守るためには仕方のないことともいえるでしょう。

　でも，そのような「沈黙」は必ずしも強権に対して永遠に屈することを意味するわけではありません。日本統治期の台湾の人々がそうであったのと同様に，独裁政権への異議申し立ての声は低く静かに息づいていました。

　そしてこの時期，白色テロの脅威と立ち向かいながら出版物や集会などを通じて国民党政府の独裁を批判する人々もいました。彼らは台湾独立を模索したり，政治改革や言論の自由を求めたりする活動を展開し，時には海外でも体制批判を発信し続けました。彼らの意志は，1970年代以降の民主化運動に受け継がれていきます。

[4]　1936年生まれ，台湾の化学者。アメリカのカリフォルニア大学バークレー校で博士号を取得。ノーベル化学賞受賞から8年後の1994年に台湾に帰国，2006年まで中華民国中央研究院長を務めた。

[5]　李遠哲（胎中千鶴訳）「講演 我が学問と我が人生」『日本台湾学会報』11，2009年，252～253頁，一部改訳。

3. 戦後の台湾社会 —「友だち」はどんな道を歩んできたのか—　67

## 高度経済成長と民主化運動

ところで，1970年代以降，経済発展が著しい発展途上国や地域を「NIEs（新興工業経済地域）」と総称したことは，世界史の時間に習った方も多いでしょう。なかでも韓国・台湾・香港・シンガポールは，「アジアの四小龍」というカッコいいネーミングで世界の注目を浴びました。

台湾は，実は国民党政府の独裁政治が続いた1950年代から80年代にかけて，順調な経済成長を遂げています。まず1960年代に農業から工業へと産業構造を転換し，70年代には「十大建設」と銘打って道路や空港，港湾などのインフラ整備を進めました。さらに80年代にはハイテク産業を主力とする産業の高度化を実現，1992年には，世界一の外貨準備高を誇るまでとなりました。

では，いったいなぜ戦後の台湾は，こんなに豊かになれたのでしょうか。

経済成長を可能にした要因として挙げられるのは，まずアメリカの援助です。アメリカは1950年から65年まで15年間にわたって毎年1億ドル近い経済援助をおこないました。その理由はだいたいおわかりでしょう。第1章でも述べたよ

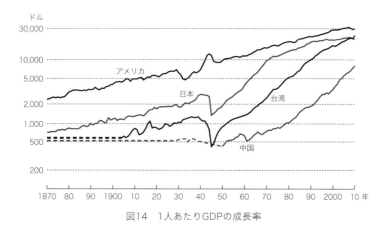

図14　1人あたりGDPの成長率

うに，第二次世界大戦後の世界は，アメリカ主導の資本主義陣営と，ソ連を中心とする共産主義陣営に二分された冷戦体制下にありました。地政学的にみると，台湾は東アジアの共産主義と最前線で対峙する重要な場所にあるため，アメリカにとって大切にしなくてはならない存在だったというわけです。

　また，植民地期に日本が建設した発電所や灌漑設備，通信網や鉄道など各種インフラが「遺産」となり，戦後経済の基礎として活用されたことが，経済成長を加速させたという分析もあります。

　これについて台湾の歴史学者，何義麟さんは，「日本の研究者は植民地時代の遺産を，米国研究者は同国の経済援助を」「強調する傾向」[6]があると述べています。日本人もアメリカ人も，どこかで「台湾の成功は自分の手柄」と思いたいのかもしれませんね。

　もちろん，何義麟さんもこれらの要因を否定してはいません。でも忘れてならないのは，何よりもこの成功は台湾人の努力の賜物だということでしょう。彼らの多くは二・二八事件や白色テロの経験から政治とは距離を置きましたが，そのぶん経済活動に没頭するようになったのだろう，と何さんはみています。大陸からの移民をルーツにもつ人が多いせいか，台湾人は進取の気性に富み，きわめて勤勉です。戦後の経済成長を牽引したのは，輸出額の半分以上を担う中小企業であることからみても，彼らが汗を流して必死に働いた結果が台湾の成功に結びついたのは疑いもない事実です。

　そして，工業化による経済成長の進展は，社会にある変化を及ぼします。それは「中間層」（中産階級）の増大です。中間層の定義は明確ではありませんが，

---

※6　何義麟『台湾現代史—二・二八事件をめぐる歴史の再記憶』（平凡社，2014年），164頁。

その社会の平均年収程度の安定した所得があり，教育水準が比較的高い人たち，とここではとらえてみましょう。

　社会の中核ともいえる中間層を中心に，1970年代後半以降の民主化運動は新たなステージへと向かいます。経済的豊かさを手にした彼らが次に求めたのは，憲法に基づく民主的な政治の実現でした。彼らは公正な選挙の実現や野党の結成などをめざして活動を展開しますが，その方向性には，当時の台湾を取り巻く国際情勢が大きな影響を与えていました。

　第1章第6節で述べたように，台湾は1970年代以降，中華人民共和国の存在感と反比例するように，国際社会で孤立していきます。71年に国連の代表権を失い，その後もアメリカや日本を含む主要国と次々に国交を断絶していくなかで，もはや国民党政府は「自分こそが中華民国という正統的な中国である」という建前を保てなくなっていました。それまで政府は「大陸反攻」，つまり「いつか中国共産党を倒して大陸に戻り，中国全土を掌握するのだ！」などと威勢のよいスローガンを掲げ続けていましたが，それはどうみてもムリだろう……と誰もが気づいてしまったのです。

　そのため，このころから台湾の人々は，「私たちは今もこれからも，この土地で生きていく」という覚悟と，「だから台湾こそ郷土なのだ」という認識を共有し始めるようになりました。すなわち，社会全体の「台湾化（本土化）」が始まったのです。

　蔣介石の息子で1978年に総統に就任した蔣経国[※7]は，そうした内外の情勢を敏感に察知しながら，現実的な舵取りをおこなった政治家です。彼は行政院長（首相）を務めていた70年代前半から，行政の要職に本省人を登用するなどの政治改革を進めました。のちに総統となる李登輝[※8]さんも，蔣経国に抜擢され

70

図15　李登輝

た本省人エリートのひとりです。

　1980年代前半,晩年の蔣経国は,もはや台湾社会に生まれた民主化へのうねりを阻むことはしませんでした。84年に李登輝さんが副総統に就任,86年には野党の民主進歩党[※9]（以下,民進党と表記）結成を認めます。そして87年,ついに38年間に及んだ戒厳令が解除されたのでした。

　翌88年に蔣経国が死去,李登輝総統の時代が訪れると,民主化のスピードはここから一気に加速していきます。

※7　1910〜88年。中国・浙江省に蔣介石の長男として生まれる。1925年にソビエト連邦に留学,ロシア人と結婚。37年に中国に帰国し,台湾に逃れた49年以降は,政府の要職を歴任した。

※8　1923年生まれ。台湾の政治家。アメリカのコーネル大学で博士号を取得。農業経済の専門家として蔣経国の目にとまり政界入りし,台北市長などを歴任,1988年から2000年まで総統を務めた。

※9　台湾の政党。略称は民進党。1986年,台湾初の野党として結成される。2000年の総統選挙で同党の陳水扁が当選し,国民党に替わって初めて政権与党の座についた。2008年から再び野党になるが,2016年の総選挙で蔡英文が当選,2度目の政権交代を実現した。

3. 戦後の台湾社会 ―「友だち」はどんな道を歩んできたのか―　71

## （3）戦後の台湾社会と日本はどんなつながりがあったのか

●

### 『さよなら・再見』の時代

さて、ここで戦後の日本人が台湾とどのようにかかわっていたのか、これまであまり語られなかった一面を、あえて取り上げてみましょう。

本章の冒頭で、台湾の戦後史には日本があまり顔を出さないと書きましたが、両者の関係が途切れたわけではありません。日本は1965年からアメリカに代わって円借款を実施したほか、1972年に中華民国と国交を断絶したあとも、ビジネスや観光など民間レベルでの往来は続いていました。たとえば、1977年に台湾を訪れた外国人は93万人余、日本人はその60％を占めており、多くが観光客でした。

ただ、現在と異なるのは、当時の日本人客の大半が買春目的の観光だったということです。高度成長期を経て懐に余裕が出た日本人男性たちは、さかんに買春ツアーでアジア諸国に出かけており、台湾もそうした旅行先のひとつとして知られていました。

日本人の買春は台北市などが取り締まりを強化する1990年代後半まで、長年にわたって常態化していました。私自身、90年代前半に台湾行きの飛行機で、その手の団体客の傍若無人ぶりを何度か目にしています。乗客のほとんどが男性で、朝から仲間同士で酒盛りをしながらシモネタを大声で話す。当時はそれが機内のありふれた光景でした。

こうした日本人の買春ツアーを題材とした小説があります。台湾の著名な作家、黄春明[10]さんの代表作、『さよなら・再見』（1974年）です。ベストセラー

図16　黄春明『さよなら・再見』

となり，アメリカ，西ドイツ，韓国，日本でも出版され話題を呼びました。

　舞台は1970年代の台湾。上司の命令で日本から来た50代の男性観光客7人のガイドをしぶしぶ引き受けた主人公の青年は，彼の故郷の温泉地に一行を案内することになります。いうまでもなく客の目的は買春。いたたまれない思いを抱えた青年は，翌日，台北に向かう列車のなかで，彼らにある小さな「仕返し」をする……というストーリーです。

　この小説で黄春明さんが描く日本人像は，実にリアルです。おそらく彼らは7人とも，ごく平凡なサラリーマンなのでしょう。列車の時間などスケジュール

---

※10　1939年，台湾の宜蘭に生まれる。1960年代，広告会社などに勤務しながら本格的な執筆活動を開始。日本で出版された『さよなら・再見』（めこん，1979年）には，表題作以外にも「海を見つめる日」（1967年），「りんごの味」（1972年）などの代表作が収められている。

はきちんと守り，団体行動を乱しません。仲間内ではあけすけなやり取りをするのに，主人公の青年に対しては丁寧語を使い，礼儀正しくふるまおうとします。それどころか，主人公のトゲのある口調に少し恐れをなしているようにもみえます。車中で日本の中国侵略に話が及ぶと，当事者である彼らが急に動揺し，ことばを失うようすも描かれています。

　しかし一方で，この日本人たちは買春以外の台湾にほとんど興味をもちません。車窓から農村の風景をみても日本の故郷になぞらえるだけ。中国語を聞いても日本語の美しさとくらべて軽んじるだけ。どんなに表面的には礼儀正しくても，台湾という場所への植民地主義的なまなざしは隠しようがありませんでした。

　台湾への優越感と無関心。この小説における黄春明さんの視線は，買春という下品な行為より，その向こうにみえる日本人のメンタリティそのものに注がれていると私は思います。

　1970年代の日本人は，エコノミックアニマルと世界から揶揄されながらも，アジアの先進国としての自信を保っていました。同時に国際関係においては，中華人民共和国との国交正常化を果たし，戦争責任などの歴史認識も含めて中国と向き合う立場を取りました。その陰で，国交を断絶した台湾に対する関心は，経済的な利害関係を除けば相対的に低くなっていきます。

　日本社会全体の台湾への無関心は，本来そうであってはいけないはずの学界や言論界でも同様でした。国際関係史を専門とする川島真さんは，「戦後日本の言論における，左傾化した日本の知識人にとって，台湾は語る対象ではなく，『進歩的知識人は台湾は語らない』ものとされた」と述べています[11]。語るべきものは革命によって生まれた中華人民共和国であり，台湾は論じる必要のない透

明な存在として扱われたのです。

　結果的に戦後の日本社会は，50年間の植民地統治の歴史を客観視する機会を
ほとんどもとうとしませんでした。『さよなら・再見』は，こうした日本人すべ
てに向けて差し出された黄春明さんのメッセージだったのかもしれません。


## 民主化が生んだ「哈日族」

　それでは，戦後台湾の日本への関心は，どのようなものだったのでしょうか。
　実は1980年代まで，台湾社会も日本にあまり目を向けてはいませんでした。
　すでに述べたように，国民党政権は植民地時代の日本文化を台湾から払拭し，
中華文化を浸透させようとしました。日本からの情報も制限されたため，台湾
人が現在のように自由に日本文化に接する機会はあまりなかったのです。もち
ろん，植民地時代に日本語を学んだいわゆる「日本語世代」のなかには，和風
の生活習慣を好む人々もいましたが，それでも街なかで日本語を使うことはは
ばかられるような時代でした。

　しかし，1988年に本省人の李登輝が総統に就任し民主化が加速すると，日本
に対する文化的な規制が次々に解除されます。まず同年，パラボラアンテナの
設置が許可され，NHK衛星放送の視聴が可能となり，90年代になるとケーブル
テレビの開設が合法化されたため，日本のバラエティー番組やドラマなどを大
量に視聴できるようになりました。テレビだけではなく，日本の書籍・雑誌類
も次々と翻訳され書店の店頭を飾りました。90年代半ばの台湾には，ドラマや
アニメ，音楽やファッションやグルメなど，日本のポップカルチャーが大きな

※11　川島真「日華・日台二重関係の形成――一九四五－四九年―」『日台関係史1945－2008』（東
　　京大学出版会，2009年），34頁。

図17　台北・西門町の日本グッズショップ（2012年）

波となって一気に押し寄せたのです。

　このような日本文化の波を受けて，1990年代後半の台湾に登場したのが「哈日族（ハーリーズー）」です。

　哈日族とは，日本のポップカルチャーを熱烈に愛する人たちを指す呼称で，1996年に漫画家でエッセイストの哈日杏子（ハーリーきょうこ）さんが自著のなかで用いたのが最初だといわれています。

　私は1999年から2000年にかけて台北に滞在したので，当時の繁華街に日本製品や日本語の看板があふれていたことをよく憶えています。特に「ハローキティ」や「たれぱんだ」などのキャラクターグッズが人気でした。高校や大学，語学学校などで日本語を学ぶ人が急増したのもこのころでしょう。

　日本人にとって哈日族の登場は，自分がほめられたような気分のいい出来事

だったらしく，日本のメディアはしばしばこれを取り上げました。でも，私が当時30代半ばの現地の友人たちに感想を聞いた限りでは，哈日族に対する印象は必ずしも好意的ではありませんでした。この呼称には，10代から20代前半の女の子たちが流行に乗ってキャーキャー騒ぐ，といった軽いイメージがあるため，それより上の世代の大人たちは冷めた目でみていたようです。私の友人のひとりはビジネスで日本とかかわり，村上春樹を愛読する「知日派」でしたので，「哈日族と私を一緒にしないで」と思ったのかもしれません。

　ましてや，当時70代以上の日本語世代の人々にとって，哈日現象は縁遠いものだったでしょう。植民地統治を経験した彼らにとって日本文化は流行などではなく，自身の幼少期や青年時代の一部として血肉化したものだからです。

　ただ，民主化の進展によって日本文化が受容された結果，彼らが人目を気にせず日本語で自由に表現できる場が増えたのは喜ばしいことでした。国民党政権下で長いあいだ否定されてきた若き日の記憶と誇りを，ようやく取り戻すことができたからです。

　一方，1990年代後半以降の日本では，日本語世代と哈日族，さらに私の友人のような知日派もひとくくりにして「親日」ととらえる傾向がありました。あたかも日本統治期から戦後，そして現在に至るまで，台湾人がみんな常に「親日」であったかのような見方です。

　でも，ここまで読んでくださったみなさんには，「台湾は親日」と一言で簡単に片づけることが，いかに相手の複雑な歴史を顧みない乱暴な物言いであるかをおわかりいただけたと思います。

　ところで2000年代前半になると，哈日現象は早くも下火となります。その一因は，実は「韓流」でした。台湾では日本よりも早く韓国のドラマや映画の人

3. 戦後の台湾社会 ―「友だち」はどんな道を歩んできたのか―　77

気に火がつき，「韓流」ということばを生み出すほどブームとなりました。私もそのころ1年ぶりに台北の繁華街，西門町を訪ねたら，日本グッズ専門のショップが一斉に韓流ショップに変身していて驚いたことがあります。

　ただし，それによって若い世代の日本への関心が一気に失われたというわけではなさそうです。むしろ2000年代以降，彼らにとって日本はより身近な存在として定着していったのではないでしょうか。第1章でご紹介した，原宿にお気に入りの美容室がある女子留学生のように，もっと気軽ですぐに手が届く対象へと変化したのかもしれません。

3. 戦後の台湾社会 ―「友だち」はどんな道を歩んできたのか―　79

## 4. 現代の台湾社会
### ー「友だち」はどんな明日を迎えるのかー

前章まで読んでくださった方には，台湾がいかに激動の近現代史を歩んでき
たかがおわかりいただけたでしょう。「友だち」のこれまで歩いてきた道は決
して平坦ではなく，また，その途上では日本がいろいろな面で影を落としたこ
ともみてきました。

　最終章では台湾社会の現在と未来に焦点をあててみます。民主化を達成し，
成熟した社会となった「友だち」は，自らの手でどんな明日を築こうとしてい
るのでしょうか。そしてそのために，今どんな努力をしているのでしょうか。

# （1）自分たちの歴史をどうとらえようとしているのか

●

## 台湾を知り，二・二八と向き合う

　私は前章で，本省人の李登輝さんが総統に就任した1988年ごろから，民主化
が加速したと書きました。民主化とは，一言でいえば，人々の自由と権利が憲法
や法律で保障され，誰もが政治に参加できる社会になることです。では，その
ゴールはいつだったのでしょうか。

　1996年，有権者の直接選挙によって李登輝さんがあらためて第9代総統に選
ばれました。独裁政治の象徴ともいえる戒厳令が解除されてからわずか9年後
のことです。このとき，民主化運動は所期の目的を遂げたといえるでしょう。台
湾は，名実ともに民主主義社会になったのです。

　ここで注目すべきは，人々が民主化の過程で熱心に取り組んだのが，歴史教
育の問題だったということです。それは，彼らが初めて「台湾の歴史を知る」
ための新たな教育改革でした。

4. 現代の台湾社会 ―「友だち」はどんな明日を迎えるのか―　81

自分の住む国や地域の歴史なら義務教育で習うのでは？と思った方もいるで
しょう。しかし民主化以前の台湾では，歴史教科書の内容のほとんどが中国大
陸と中華民国の歴史でした。つまり，辛亥革命（1911〜12年）によって大陸
で成立した中華民国と，その「大陸から来た我々」※1の視点で書かれていたので
す。日本統治期や戦後の記述はあるものの，それはあくまで中華民国の一地方
史として扱われるだけでした。原住民の歴史も登場しませんし，もちろん二・
二八事件の客観的記述もありませんでした。

　そのような国民党政府に押しつけられた歴史ではなく，私たちの土地の，私
たちの歴史を学びたい。「台湾化（本土化）」が進んだ90年代後半から，そうし
た声がさらに高まっていきます。

　その成果ともいえるのが，1997年に登場した中学生向けの国定教科書『認識
台湾　歴史篇』でした。これは新たに設置された「認識台湾（台湾を知る）」と
いう1年次対象の科目で使用する初の台湾史教科書で，全11章のうち日本統治
期の記述に2章分をあてるなど，画期的な試みとして注目されました。その後，
教科書制作は民間の複数の出版社に委ねられ，現在では最新の考古学的発見や
原住民の歴史にも大きく紙幅を割くなど，漢人中心の歴史観に陥らないような
配慮もされています。

　私はこれらの歴史教育改革を，台湾社会の成熟度を示すものだと考えていま
す。自分の住む社会の歴史を学ぶことは，「私は誰なのか」「私はなぜここにい
るのか」「私はここで誰とどう生きていくのか」という自分自身の問題と重な
ります。住民ひとりひとりが，その場所の歴史を通して自身のアイデンティティ
をみつめ直せば，それは未来の自分と社会を主体的にかたちづくろうとする力
につながります。台湾はまさに歴史教育を通じて，住民が自らの手で新しい社

会を創造するための基礎固めをしたといえるでしょう。

　そしてもうひとつ，彼らがどうしても向き合わなくてはならない記憶があり
ました。1947年の二・二八事件です。

　第3章第1節でご紹介した周婉窈さんのことばをここで思い出しましょう。

　台湾社会に悪夢としてまとわりつく二・二八の共同記憶を，徹底的に消し去
るにはどうしたらよいのか。それは対象を正視し，客観的分析を加え，客体化す
ることだと彼女は述べていましたね。

　その具体的なアクションは，1980年代後半の民主化運動と連動して始まりま
した。事件の真相解明と被害者への謝罪と補償を求める声が，政府批判ととも
に高まったのです。その声を受けるかたちで，90年代に入ると総統の指示を受
けた政府が事件の調査と研究に本格的に着手しました。その結果，1995年2月
28日，台北で二・二八事件記念碑の除幕式がおこなわれ，李登輝総統が公式に
謝罪の意を表明しました。

　もちろん，ここに至るまでには国民党政府への体制批判という政治闘争があ
り，二・二八事件の追究もその闘争手段のひとつだった点には留意する必要が
あるでしょう。台湾近現代史の歴史認識には，常に国民党と反国民党勢力の政
治的対立が投影されているからです。それでもやはり政府の最高責任者の謝罪
は，この事件にひとつの区切りをつけるために必要不可欠なことでした。

　当時，私が印象的だったのは，このころ台湾で二・二八と白色テロ関連の書
籍が堰を切ったように次々と出版されたことです。その多くが関係者や被害者
の証言や回想録で，政府，民間団体，研究者，地方自治体などが調査・編集した

※1　何義麟『台湾現代史―二・二八事件をめぐる歴史の再記憶』（平凡社，2014年），15頁。

図18　二二八紀念館（台北市）

ものでした。これらの膨大なオーラル・ヒストリーを読むにつけ，この社会にこれほどの声なき声が潜んでいたのかと驚きましたし，それらが時を得て一斉に噴出している状況を，まるごと受け止めようとしている台湾人の力強さにも，敬服せざるを得ませんでした。今思えばそれは，事件の犠牲者に対する社会全体の鎮魂と慰霊の時間だったのかもしれません。

　歴史と正面から向き合い客観的な分析を進めるとともに，謝罪や慰霊という「心」にかかわる行為を尊重する。これらをおこなってこそ，悪夢はようやく「歴史」として客体化されるのでしょう。そして人々の抱く悲しみや憎しみを少しでも消し去るためにも，それは避けて通れない道なのだと思います。

## 日本統治期は誰の歴史か

　台湾の街を歩くと，日本統治期に建てられた建築物をよく目にします。重厚な洋風建築や瓦屋根の日本家屋。大切に保存・改修されているものも多く，お

しゃれなカフェや画廊，ショップなどに姿を変え，人気スポットになることも珍しくありません。

日本人観光客は思わず「懐かしい」と口にしてしまいそうですが，これらの建築物は，植民地時代の目にみえる記憶そのものでもあります。本書を読み進めてくださったみなさんなら，日本家屋に親しむ台湾の人々をみて，単純に「親日」と決めつけるのをためらうでしょうし，何だか少し複雑な心境になるかもしれませんね。

ではいったい，台湾人は日本統治期の歴史をどうとらえているのでしょうか。ここで再び1990年代にさかのぼって考えてみましょう。

90年代から2000年代にかけての台湾では，民主化以降の新しい歴史教育と連動して「台湾史ブーム」が巻き起こりました。2000年の総統選挙で野党民進党の陳水扁[2]さんが当選したことも追い風となり，学術書や一般書籍のほか，テレビや雑誌でも台湾を「発見」する番組や特集記事があふれました。

このころから，日本統治期に対する歴史認識に大きな変化が起こりました。先ほど述べたように，1997年に採用された教科書『認識台湾　歴史篇』では，それまで一切ふれられなかった日本統治期の近代化について，初めて言及しています。この教科書の編纂者のひとり，歴史学者の呉文星さんは，その内容を「（台湾人が）自主的・選択的・積極的に植民当局が導入した近代化の事物を吸収したこと」[3]を示すものと述べています。つまり，日本統治期の近代化は，日

---

[2]　1951年，台南県生まれ。台湾大学法学部卒業後，弁護士をしながら反体制運動に参加，1987年に民主進歩党に入党。1994年に台北市長に就任，2000年に総統就任，2008年に辞任。

[3]　呉文星（田中比呂志訳）「台湾の国民中学『認識台湾　歴史篇』を執筆して―その編纂から使用まで」『歴史評論』632，2002年，14〜25頁。

4. 現代の台湾社会 ―「友だち」はどんな明日を迎えるのか― 85

本人が一方的に与えたものではなく，台湾人が主体的に受け入れたものだという歴史観です。

　ここで一例を挙げてみましょう。『認識台湾』には，日本統治期にダム建設に従事した八田與一(はったよいち)※4という日本人エンジニアについての記述があります。八田は東京帝国大学を卒業後，1910年に台湾総督府土木部技手として赴任しました。その後，技師となり，中南部の嘉南(かなん)平原で調査活動に従事，さらに給排水路とダムからなる大規模な灌漑施設「嘉南大圳(たいしゅう)」建設の指揮を執った人物です。嘉南大圳は当時の日本の土木技術の粋を集めたような国家的プロジェクトでした。まさに近代化の象徴のようなインフラ建設の事例といえるでしょう。

　もちろん第2章で述べたように，植民地とはあくまでも宗主国に経済的な利益をもたらすために存在するものです。灌漑施設の建設は，中南部に米とサト

図19　八田與一を描いた映画『パッテンライ!!』のDVDジャケット

ウキビの一大生産地をつくり，日本の食料補給地にしたかったからにほかなりません。

　それでも現実には，施設の完成によって恩恵を受けた数多くの農民たちがいました。そして彼らは戦後も給排水路とダムを大切に維持・管理し，現在まで利用しています。完成してからすでに88年。近代的な施設をつくったのは日本人ですが，それを運用し，戦後70年以上にもわたってメンテナンスをしてきたのは台湾の人々でした。嘉南の人たちにとってみれば，八田與一の功績も含めて，すべてが自分の住む土地の記憶だと胸を張るのは自然なことです。

　しかし日本人は，つい日本が支配した時代の歴史だけを切り取って台湾をみてしまいがちです。八田與一を台湾人が評価すると，それを植民地支配の歴史とイコールととらえ，日本が「感謝」されていると勘違いする人もいます。おそらくその人たちは，「日本史」の文脈で台湾を眺めているのでしょう。その態度の向こうに，台湾の戦後史を軽んじる意識が透けてみえるのは私だけでしょうか。

　いうまでもなく，その土地の記憶には連続性があり，どこかで切断することは不可能です。今，住民の眼前に広がる用水路やダムは，まるごと「台湾人の歴史」であり，だからこそ彼らが教科書で学ぶ意義をもつのだと，日本人は肝に銘じるべきでしょう[5]。

※4　1886〜1942年。石川県金沢市出身の技術者。東京帝国大学を卒業後，台湾に赴任。1921年から嘉南大圳建設の監督に就任，1930年に完成させた。

※5　2015年に台湾の大学生約300人を対象に実施したアンケート調査では，八田與一の認知度と水利事業への評価は高いものの，それを日本人や日本統治への肯定的評価に結びつけるような回答はほとんどみられなかったという（武長玄次郎「台湾若者の八田與一認識—国立聯合大学学生のアンケート結果より—」『技術史教育学会誌』19-2，2018年，11〜16頁）。

4. 現代の台湾社会 —「友だち」はどんな明日を迎えるのか— 　87

本項の冒頭で述べた日本家屋についても同じことがいえます。たとえば台北市内の青田街（あおたがい）というところには，1930年代につくられた日本家屋が今も60棟余り残っており，保存や改修が進んでいます。青田街の保存を呼びかけてきた文化人類学者の黄智慧（こうちえ）さんは，「日本家屋の保存は，台湾がたどった歴史を形として残す試みの一つになる」[※6]と述べています。

　というのも，青田街には戦前は確かに日本人が住んでいたのですが，戦後は大陸から来た外省人が多く居住しました。だからこの場所は，外省人の暮らしとも深く結びついた街ともいえるのです。台湾人が日本家屋をみたとき，誰もが日本や日本人を連想するとは限らないことが，この例からもわかります。

　このように日本統治期の歴史は，複雑に台湾の近現代史と絡み合い，重なり合っています。台湾を理解したいと思うなら，彼らが否応（いやおう）なく向き合わざるを得なかった「日本」と，そこから主体的に受け入れた「日本」があることを，まず想像してみることが必要ではないでしょうか。

図20　青田街の日本家屋

## （2）どんな社会をつくろうとしているのか

●

### 市民がつくる社会

　さて，いよいよ本書も終わりに近づいてきました。本節では，台湾社会がどんな道を選び，どんな未来をつくろうとしているのか，その具体的な動きをみてみましょう。

　台湾が向かおうとしている未来。それを考えるとき絶対に見落とせないキーワードは，やはり「民主主義」でしょう。

　2016年5月，初の女性総統となった蔡英文さんは，就任演説のなかで次のように述べています。

　　　新政府の責任は，台湾の民主を次の段階に推し進めることにあります。かつて民主は選挙の勝ち負けでしたが，現在の民主は人々の幸福にかかわることです。かつての民主は二つの価値観の対決でしたが，現在の民主は異なる価値観の対話です。[7]

　ここで新総統がいう「かつて民主は選挙の勝ち負け」で「二つの価値観の対決」だったとは，1990年代以降の国民党と民進党の対立を指しています。すでに何度も述べたように，90年代から台湾では急速に民主化が進みましたが，そこに

---

※6　「台北　生まれ変わる『昭和町』」『朝日新聞』2018年6月26日付。

※7　張瀞文（丸山勝訳）『蔡英文の台湾—中国と向き合う女性総統』（毎日新聞出版，2016年），219頁。

は国民党の抵抗勢力としての民進党が、「自分たちは民主化の旗振り役だ」と有権者にアピールして支持を得てきたという政治的背景がありました。

　また、それは同時に、中華民国の枠組みにこだわる国民党と、中華民国でも中華人民共和国でもない「台湾」を志向する民進党の「ここは中国か、台湾か、さあどっち？」と有権者に問う対決でもありました。

　さあ、どっち？と事実上の二者択一を迫られても難しいですよね。それよりも政権を担う者には、目の前にある諸問題解決のために奮闘してもらわないと困ります。そこで有権者は、二大政党の働きぶりをしっかりチェックするようになりました。

　2005年以降、総統夫人の公金流用や、娘婿のインサイダー取引など、陳水扁政権の周辺でまさかのスキャンダルが次々と発覚します。民進党に失望した有権者は、08年に国民党の馬英九[8]さんを総統に選びました。民主化路線を堅持した馬英九さんは4年後の2度目の総統選でも当選しましたが、大規模災害への対応の不手際や中国との緊密な関係に批判が集まり、16年の選挙では再び民進党が大勝しました。こんなふうに台湾ではこの20年間、国民党と民進党という二大政党が交互に政権の座に就いてきたのです。

　政府への監視を怠らず、失敗したらすぐ交替させるとは、実に現実的でバランス感覚に優れた有権者たちだなあと、私はそれだけで感心してしまうのですが、台湾はそこで歩みを止めたりはしませんでした。実は今、二大政党以外のもうひとつの大きな「力」が社会を動かしているといっても過言ではないのです。

　もうひとつの力とは何か。それは「市民」です。

　いうまでもなく「市民」とは、自由と平等を保障する社会で自律的に生きる個人のことを指します。彼らは、社会改革を政治家まかせにせず、自らの手でも

世の中をよくしていこうとしています。

　台湾では1980年代から，反原発や環境保護，原住民権利獲得などの市民運動がさかんでしたが，ここ10年ほどで市民運動はさらに進化しました。数多くの市民グループが政党とある程度距離を置き，自律的な活動を展開するようになったのです。活動内容は多岐にわたり，農民，学生，メディア関係者などがゆるやかなネットワークでつながりながら，デモや集会によって政府や自治体や企業へ異議申し立てをしています。

　2014年には，中国との「サービス貿易協定」というサービス産業の市場開放に関する協定について，立法院（国会）で十分な審議がされなかったことに反発した学生たちが，一時議場を占拠する事態が起こりました。同時期に島内で大規模なデモもおこなわれ，学生のみならず多くの住民が馬英九政権にNOの申し立てをしました。「ひまわり学生運動」と呼ばれるこの運動は，そののちの総選挙や総統選に大きな影響を与えています。

　蔡英文総統は，こうした市民社会の到来を実感したからこそ，「現在の民主は人々の幸福にかかわること」「異なる価値観の対話」であると述べたのでしょう。国家や政党の枠組みにこだわって勝ち負けを競うのではなく，私たちがいる社会の進歩という共通の課題のために，ともに議論を戦わせましょう。これが彼女のメッセージなのではないでしょうか。

※8　1950年生まれ。アメリカのハーバード大学で博士号を取得後，弁護士として活動，1981年に帰国後，総統府に勤務。1998年から2006年まで台北市長，2008年から2016年5月まで総統を務めた。

## その人らしさを受け入れる社会

　このように台湾は先進的な民主主義社会ですが，もちろん現在模索中の課題も抱えています。そのひとつに原住民の権利と地位の問題があります。

　第1章で述べたように，原住民とは，ハワイなど南太平洋の島々で暮らす人々と同じオーストロネシア語族に属し，漢人よりはるか昔から台湾に住んでいた人たちです。日本統治期には総督府の「理蕃政策」のもとで理不尽な支配を受けたことは，第2章第3節で述べたとおりです。

　戦後の国民党政権時代には，自給自足に近かった伝統的な生活から貨幣経済への移行を余儀なくされたため，山を下りて肉体労働に従事する若者も増えました。所得や教育の格差，漢人との文化的差異から，差別の対象ともなりました。

　しかし，民主化の進展とともに，マイノリティとして差別されてきた原住民の権利獲得運動が始まります。なかでも注目すべきは，「自分たちを何と呼ぶか」という呼称をめぐる運動（「正名運動」）でした。「生蕃」「高砂族」「山地同胞」など，その時代の支配者に一方的に呼ばれていた呼称を，初めて自ら「台湾原住民」と改め，1994年の憲法改正時にそれを明記することができたのです。96年には政府組織内に「原住民委員会」（現・原住民族委員会）も設置され，彼らの社会的地位は大きく変化しました。その後も，自治の実施や土地・資源の所有権などを求める運動は続いていますが，漢人との経済的格差などは，いまだ十分に解決したとはいえない状況です。

　こうした原住民の存在と権利獲得運動は，他の台湾の人たちに「多文化主義」の意識を根づかせる契機となりました。台湾社会には原住民以外にも，閩南語を母語とする福建系の閩南人，客家，戦後流入した外省人などがいて，それぞれ固有の言語や歴史や文化をもっています。異文化の人たちがすぐ隣にいるのだ

から，そのことを「当たり前」ととらえ，お互い尊重し合うべきだと考える。それが多文化主義の社会なのです。

　自分と異なる文化の人とともに暮らす……。ちょっと大変そうだなあと思った読者もいるでしょう。でも逆に日本社会にはみんなに同じことを求めるような，目にみえない同調圧力がありますよね。そこに息苦しさや生きにくさを感じる人も少なくないと思います。

　一方，台湾は，多文化主義のもと，「その人らしさ」を受け入れようと努力する社会です。たとえばLGBTなどの性的マイノリティも，2000年代前半からパレードやイベントを通して社会的な認知を求めるようになりました。2017年には司法の最高機関（憲法裁判所）が「同性婚を認めない民法は憲法違反である」という画期的な判断を下しましたし，蔡英文総統も同性婚を支持すると表明しています。LGBT関係のイベントもますますさかんで，各地で毎年大規模なパレードが実施され，世界中から参加者が集まります。日本にくらべると性的マ

図21　台湾のLGBT集会（2016年）

イノリティに対する偏見や差別がずっと少ないことは明らかでしょう。

　また，近年台湾には，出稼ぎ労働者として，あるいは台湾人との結婚などで移住する東南アジアの移民が急増しています。「新移民」と呼ばれる彼らは，すでに60万人余に達しており，また国際結婚は年間約2万件に及んでいます。台湾以外の場所にルーツをもつ親のもとで誕生した子どもに，親の言語や文化を学ぶ機会をいつどこで提供するかなど，新移民の立場に立った経済的，社会的支援が，政府やNPO団体に求められています。

　もちろん，誰でも受け入れようとするこの開放的な社会のありようには，慎重な態度を取ったり，反発したりする住民もいます。税金など公的資金が使われる場合は特に議論が高まるでしょう。

　また，多文化主義そのものが，単なる政治的な戦略にすぎない，ととらえる意見もあります。つまり中華人民共和国との違いを際立たせ，「台湾らしさ」とはイコール「自由と民主」であると世界に主張するための，いわば独立をめざす動きの一端であるという見方です。

　そうした多くの議論を巻き起こしながら，多文化主義の台湾が今後どう変化していくのか，まだ誰にもわかりません。しかし私は，このようにさまざまな意見に耳を傾けつつ「いろいろあるけど，まあ取りあえず先に進んでみようよ」と誰かが立ち上がる，そのリアリズムと実行力こそが台湾の強みであり，魅力だと思っています。

　きっと結果はあとからついてくるさ，とばかりに試行錯誤を重ねつつ前を向き続ける社会。日本に住む私の目にはとてもカッコよく映るのですが，あなたはどう思いますか？

4. 現代の台湾社会 ―「友だち」はどんな明日を迎えるのか― 95

おわりに―「ふたり」がこれから歩く道とは―

本書は，日本と台湾という「ふたり」の関係に力点を置きながら，台湾の近現代史を概観してきました。

　1895年から50年間の日本統治期と，1945年以降の国民党独裁体制の時代を生き抜き，高度成長期を経て90年代に民主化を成功させた台湾。ここまで読んでくださったみなさんには，「友だち」の歴史がいかに複雑かつ重層的か，いかに多くの困難を乗り越えて現在の姿になったかをおわかりいただけたかと思います。そして，そこに日本がどれほど深くかかわり，時に光を，時に影を落としてきたかも。

　さあ，あなたは台湾をどうとらえるようになりましたか。「はじめに」で述べたように，知れば知るほど，ますますわからなくなっているかもしれませんね。

　でも私は，それでよいのだと思います。なぜなら一番大切にすべきなのは，相手と向き合い，知りたいと思うその気持ちだからです。

　そういえば昨年，日台のあいだで面白いことが起こりました。株式会社マガジンハウスが発行している雑誌『BRUTUS（ブルータス）』をめぐる話です。

　2017年7月，『BRUTUS』は台湾特集を組みました。観光スポットやグルメ情報満載の一冊で，発売後たちまち売り切れたそうです。

　ところがこの特集号，地元台湾ではネット上で思わぬ物議を醸しました。「表紙の写真がダサい」という声が上がったのです。『BRUTUS』の表紙は台南の街角のスナップショットで，「牛肉麺」や「蚵仔煎」（カキのお好み焼き）などのおいしそうな料理の看板が並ぶ庶民的な場所。日本人観光客からみればいかにも台湾風で魅力的ですが，現地の人は「恥ずかしい」と受け止めたようです。

　こういう場合，日本人がもつステレオタイプの台湾イメージに批判が集まり，ネットで炎上するのがよくあるパターンですよね。ところが今回は違いました。

おわりに―「ふたり」がこれから歩く道とは―　97

台湾の誰かが『BRUTUS』の表紙風に加工できるソフトを提供,多くの人々が「私ならここがおすすめ」とばかりに,『BRUTUS』ならぬ『BPUTUS (ブプータス)』の表紙を思い思いにつくってSNSにアップし始めたのです。その数は数千枚を超えたといいます。

　予想外の反響に出版元も驚きました。『BRUTUS』の西田善太編集長は「たった一つの特集で,これほどの数の表紙が生まれた号は雑誌の世界でも前代未聞。とてもうれしい」と述べています[1]。そして2018年3月刊行の増補改訂版には,その感謝の意を込めて,台湾の人たちがつくった160枚の『BPUTUS』を誌上で紹介しました。

　160枚の「表紙」には,実にさまざまな台湾の「顔」が写っています。美しい山や海や空,大都会の夜景,ハイセンスな現代建築におしゃれなカフェ,原住民のアート。伝統的な寺院もあれば,電車内でスマホをいじる無表情な乗客の横顔もあります。もちろん,マンゴーかき氷や小籠包,鼻が曲がるようなニオイで知られる屋台料理「臭豆腐」のアップも忘れてはいません。そこには,「こんな台湾もあるんだよ,もっと知ってほしいな」という彼らの軽やかで熱いメッセージが込められていました。

　だから,あなたがすぐに台湾を上手に理解できなくてもよいのです。大事なことは,相手を多角的に知ろうとする気持ちです。これさえあれば,彼らは必ず両手を広げてあなたを迎えてくれるでしょう。

　私たちの未来には,まだまだ多くの困難が予想されます。たとえば,再びどちらかの土地に大きな自然災害が襲いかかるかもしれません。急速に進む少子高齢化や,住民のあいだに広がる深刻な経済格差など,共通する課題も抱えています。常に緊張感をはらむ台湾と中国の関係にも,日本は無関心ではいられな

いでしょう。

　しかし，台湾と日本がともに歩むことは，互いの未来に力を与えてくれます。助け合いながら，話し合いながら，ふたつの社会をもっとよくするための知恵を共有できるからです。かといって，無遠慮はいけません。必要以上に相手の心に踏み込まないこと，相手が熟考の末に出した決断なら，それを信じて口をはさまないこと。これらのルールも，私たちは「ふたり」の歴史から学び取っているはずです。友情とは，たゆまぬ努力によって続くものだと私は思います。

　さて，それでは一歩を踏み出し，あの親切な「友だち」に会いに行きましょう。ネットで調べる，地図を広げてみる，もう一冊本を読んでみる，コンビニでタピオカミルクティーを買ってみる。あるいは思い切って飛行機のチケットを予約する。本書のページを閉じたあとは，すべてあなたの自由です[2]。

※1　「台湾はもっとステキ？『ブルータス』表紙，現地で議論」『朝日新聞』2017年7月21日付。
※2　台湾と日本のことを考えるとき，温又柔さんの小説やエッセイは心に響く。『台湾生まれ　日本語育ち』（白水社，2015年），『真ん中の子どもたち』（集英社，2017年），『空港時光』（河出書房新社，2018年），など。

おわりに—「ふたり」がこれから歩く道とは—　99

台湾関連年表

| 西　暦 | 事　項 |
|---|---|
| 1624 | オランダ東インド会社が台湾南部を占領，ゼーランディア城を築く |
| 1661 | 鄭成功がオランダ勢力を台湾から追放し，鄭氏政権樹立（〜1683） |
| 1684 | 台湾は清朝の領土となり，台南に福建省台湾府が設置される |
| 1874 | 日本が台湾に出兵する（牡丹社事件） |
| 1885 | 福建省から独立して台湾省となる。劉銘伝が初代巡撫（長官）として着任 |
| 1894 | 日清戦争起こる。首府が台南から台北に移る |
| 1895 | 日清戦争後の講和条約（下関条約）により，清朝は日本に台湾を割譲する |
| | 日本軍が台湾に上陸，中南部で住民の抵抗続く。台湾民主国がつくられるが短期間で崩壊する |
| 1921 | 「台湾議会設置請願運動」始まる。台湾文化協会が結成される |
| 1930 | 霧社事件起こる |
| 1937 | 日中戦争始まる。台湾でも皇民化政策が本格化する |
| 1942 | 最初の台湾人志願兵が入隊（高砂義勇隊など） |
| 1945 | 台湾人への徴兵制が始まる（4月） |
| | 第二次世界大戦終了，日本の降伏（8月）。中華民国の統治が始まる（10月） |
| 1947 | 二・二八事件起こる |
| 1949 | 台湾で戒厳令施行。内戦に敗れた蔣介石と国民党政権が台湾に逃れる |
| 1952 | 日華平和条約締結 |
| 1972 | 日中国交正常化にともない日華平和条約破棄，日台は断交する |
| 1973 | 「十大建設」が始まり，インフラ整備が進む |
| 1975 | 蔣介石死去 |
| 1978 | 蔣経国が総統に就任 |
| 1986 | 民主進歩党が結成される |
| 1987 | 戒厳令が解除される |
| 1988 | 蔣経国死去。李登輝が総統に就任 |
| 1995 | 李登輝総統が二・二八事件を公式に謝罪する |
| 1997 | 中学校用教科書『認識台湾』が採用される |
| 1999 | 921大地震（集集大地震）起こる |
| 2000 | 民主進歩党の陳水扁が総統に就任 |
| 2008 | 国民党の馬英九が総統に就任 |
| 2012 | 馬英九が総統に再任 |
| 2014 | 「ひまわり学生運動」起こる |
| 2016 | 民主進歩党の蔡英文が総統に就任 |
| 2017 | 憲法裁判所が「同性婚を認めない民法は憲法違反」との判断をくだす |

図版出典

図1　アフロ

図2　編集部作成

表1　日本外務省ホームページ（https://www.mofa.go.jp），「台湾基礎データ」より

表2　著者作成

図3　『日本地理大系11　台湾篇』改造社，1930年，16頁

図4　『日本地理大系11　台湾篇』改造社，1930年，18頁

図5　黄煌雄『蔣渭水伝―台湾的孫中山』台湾・時報文化出版，2006年，42頁

図6　『日本地理大系11　台湾篇』改造社，1930年，317頁

図7　Blu-ray & DVD発売元：マクザム+太秦

　　© Copyright 2011 Central Motion Picture Corporation & ARS Film Production ALL

　　RIGHTS RESERVED.

図8　Alamy（個人蔵）

図9　『大東亜戦争と台湾青年』朝日新聞社，1944年，32頁

図10　『戴國煇全集27　別巻』台湾・文訊雑誌社，2011年，3頁

図11　『大東亜戦争と台湾青年』朝日新聞社，1944年，36頁

図12　Alamy（台北二二八紀念館蔵）

図13　朝日新聞社

図14　Tsong-Min WU（呉聰敏），*From Economic Controls to Export Expansion in Postwar*

　　*Taiwan: 1946-1960*. RIETI Discussion Paper Series 16-E-028, 2016, p.2

　　https://www.rieti.go.jp/jp/publications/dp/16e028.pdf

図15　朝日新聞社

図16　黄春明著，（1979）『さよなら・再見』（田中宏，福田桂二　訳），めこん

図17　著者撮影

図18　著者撮影

図19　©「パッテンライ!!」製作委員会

図20　毎日新聞社

図21　アフロ

## 著 者

## 胎 中 千 鶴
たいなか　ちづる

1959年生まれ。立教大学大学院文学研究科史学専攻博士後期課程修了。博士（文学）。現在，目白大学外国語学部教授。専攻は台湾史。

主要著書・論文

『葬儀の植民地社会史―帝国日本と台湾の〈近代〉』（風響社, 2008年）

『植民地台湾を語るということ―八田與一の「物語」を読み解く』（風響社, 2007年）

『叱られ，愛され，大相撲！―「国技」と「興行」の一〇〇年史』（講談社, 2019年）

ほか。


## 編 集 委 員

上田信

髙澤紀恵

奈須恵子

松原宏之

水島司

三谷博

歴史総合パートナーズ⑥

あなたとともに知る台湾─近現代の歴史と社会─

定価はスリップに表示

2019年1月9日　初　版　第1刷発行
2022年9月2日　初　版　第3刷発行

著　者　胎中　千鶴
発行者　野村　久一郎
印刷所　法規書籍印刷株式会社
発行所　株式会社　清水書院
　　　　〒102-0072
　　　　東京都千代田区飯田橋3-11-6
　　　　電話　03-5213-7151(代)
　　　　FAX　03-5213-7160
　　　　http://www.shimizushoin.co.jp

カバー・本文基本デザイン／タクティクス株式会社／株式会社ベルズ
乱丁・落丁本はお取り替えします。　　　　ISBN978-4-389-50092-4

本書の無断複写は著作権法上での例外を除き禁じられています。また，いかなる電子的複製行為も私的利用を除いては全て認められておりません。

## 歴史総合パートナーズ

① 歴史を歴史家から取り戻せ！―史的な思考法― 　　上田信

② 議会を歴史する 　　青木康

③ 読み書きは人の生き方をどう変えた？ 　　川村肇

④ 感染症と私たちの歴史・これから 　　飯島渉

⑤ 先住民アイヌはどんな歴史を歩んできたか 　　坂田美奈子

⑥ あなたとともに知る台湾―近現代の歴史と社会― 　　胎中千鶴

⑦ 3・11後の水俣／MINAMATA 　　小川輝光

⑧ 帝国主義を歴史する 　　大澤広晃

⑨ Doing History：歴史で私たちは何ができるか？ 　　渡部竜也

⑩ 国境は誰のためにある？―境界地域サハリン・樺太― 　　中山大将

⑪ 世界遺産で考える5つの現在 　　宮澤光

⑫ 「国語」ってなんだろう 　　安田敏朗

⑬ なぜ「啓蒙」を問い続けるのか 　　森村敏己

⑭ 武士の時代はどのようにして終わったのか 　　池田勇太

⑮ 歴史からひもとく竹島／独島領有権問題 　　坂本悠一
　　―その解決への道のり―

⑯ 北方領土のなにが問題？ 　　黒岩幸子

以下続刊